Arbre Généalogique
10 Générations

COMPLÉTÉ PAR :

Nom :
Prénom(s) :
Date de naissance :
Lieu de naissance :
Pays :

© Éditions Hisaé®. *Tous droits réservés. Cette publication est la propriété des Éditions Hisaé® marque déposée à l'INPI n°4785098. Aucun extrait de cette publication ne peut être reproduit, distribué ou transmis dans quelque format ou par quelque moyen que ce soit (photocopie, enregistrement, électronique, mécanique, numérisation ou autre) sans la permission écrite préalable de l'éditeur, à l'exception de courtes citations dans le cadre d'une revue critique et de certains autres usages non-commerciaux autorisés par la loi sur les droits d'auteur.*

Découvrez l'ensemble de nos livres dédiés à toute la famille sur notre site :

www.editions-hisae.fr

SOMMAIRE

INFOS PRATIQUES — P05
- LA NUMÉROTATION SOSA — P05-P06
- LES PRINCIPALES RESSOURCES — P07
- CALENDRIER RÉPUBLICAIN/GRÉGORIEN — P08-P11

COMMENCER LA RECHERCHE — P13
- LISTE DES SOURCES — P13-P15
- JOURNAL DE RECHERCHES — P16-P21

HISTORIQUE DE LA FAMILLE — P22
- FRISE HISTORIQUE — P22-P27
- HISTORIQUE DES PATHOLOGIES — P28-P29
- HISTORIQUE CRIMINEL — P30-P31
- FEUILLES DE MIGRATION — P33-P43

ARBRE GÉNÉALOGIQUE GÉNÉRATIONS 1 À 6, SOSA 1 À 63 — P45-P49

FICHES INDIVIDUELLES SOSA 1 À 63 — P51-P115

ARBRE GÉNÉALOGIQUE GÉNÉRATIONS 7 À 10, SOSA 64 À 1023 — P117-P181

NOTES — P183-P187

LA GÉNÉALOGIE.

En partant de vous même recherchez le plus grand nombre de vos ancêtres; Nombre qui va rapidement devenir très important (2 parents, 4 grands-parents, 8 arrières-grands-parents, etc ...).

Vous allez pouvoir remonter très loin et peut être jusqu'au XVIIe siècle avec plus de 10 générations à identifier.

Pour réussir cette mission vous devrez vous munir de patience et serez confronté à de nombreuses difficultés : actes détruits, ancêtres nés à l'étranger, enfants abandonnés, archives détruites par la guerre, incendie, dégâts des eaux etc ...

Bon courage et Bienvenue dans le monde passionnant de la généalogie !

LA NUMÉROTATION SOSA

C'est en 1590 que l'allemand Michel Eyzinger invente ce système qui sera repris plus tard, en 1676, par Jérôme de Sosa puis au XIXe siècle par Kerule von Stradonitz.

Cette méthode de numérotation est la plus pratique et la plus utilisée dans la généalogie. Elle permet d'identifier par un numéro unique chaque ancêtre dans une généalogie ascendante.

Principe

- Chaque ancêtre à un numéro invariable.
- La personne racine pour qui on bâtit l'ascendance est le n°1 appelé « de Cujus », c'est la **première génération**.
- Le n°2 est attribué à son père et le n°3 à sa mère, c'est la **seconde génération**.
- Le n°4 est attribué au grand-père paternel, le n°5 à la grand-mère paternelle, le n°6 est attribué au grand-père maternel et le n°7 à la grand-mère maternelle, c'est la **troisième génération**.
- Et ainsi de suite ...

En pratique

- Les hommes sont toujours désignés par un chiffre pair et les femmes par un chiffre impair sauf le « de Cujus » en n°1 qui peut être un homme ou une femme.
- Un père a un numéro qui correspond au double du numéro de son enfant
- Une mère a un numéro qui correspond au double du numéro de son enfant + 1
- Le numéro d'une femme correspond au numéro du mari +1

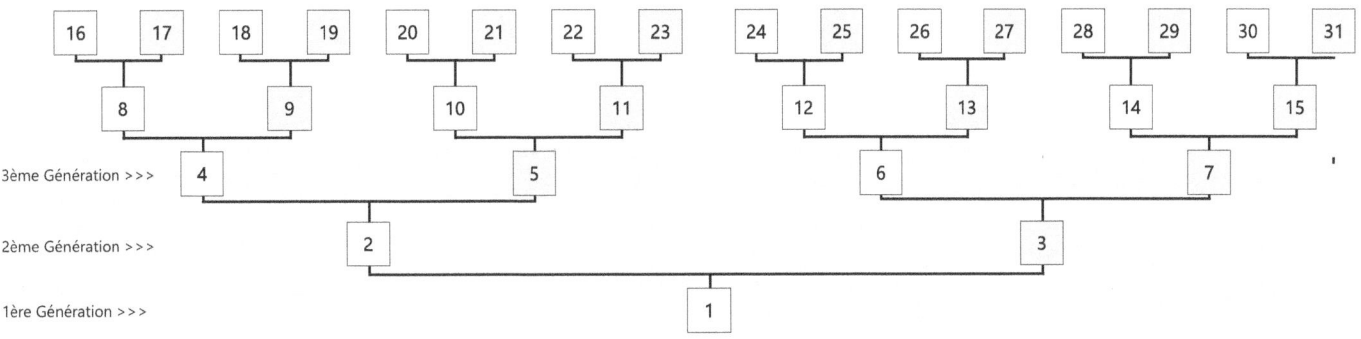

Sosa 1 - De Cujus

> Le premier numéro d'une génération indique le nombre d'ancêtres pour cette génération. Par exemple, pour le numéro 8 de la 4ème génération il y aura 8 ancêtres.
>
> Un ancêtre peut apparaitre plusieurs fois (implexe), il porte alors plusieurs numéros Sosa. La numérotation Sosa n'est valable que pour une personne. Pour une personne différente (par exemple un enfant) il faut refaire une numérotation.
>
> La numérotation Sosa prend en compte uniquement les ascendants directs.

LES PRINCPALES RESSOURCES

Les documents d'état civil et registres paroissiaux
(les documents de base pour établir votre généalogie) :

- Actes de baptême/naissance
- Mariage
- Sépulture/décès

Les documents familiaux

- Papiers de famille
- Livret de famille
- Photos
- Carte d'identité
- Livret militaire
- Passeport
- Diplômes
- Lettres, faire-part ...

Les documents d'archives

- Le cadastre apporte des indications sur la fortune foncière personnelle d'un ancêtre
- Archives notariales qui sont riches en contrats entre individus, en documents relatifs aux successions et bien d'autres ;
- Archives judiciaires pour les jugements civils (divorce, adoption, changement de noms...).
- Archives fiscales : rôles d'impôts, contrôle des actes et enregistrement pour traquer les
- activités de vos ancêtres
- Registres matricules et archives de la conscription pour suivre le parcours militaire des jeunes gens soumis au service militaire ;

Recensement et listes

La Presse

CALENDRIER RÉPUBLICAIN/GRÉGORIEN

Principe

- Le calendrier républicain commence rétroactivement le 22 septembre 1792 (date de l'établissement de la République)
- L'année est divisée en 12 mois de 30 jours
- 3 décades (décade = 10 jours) composent un mois soit 30 jours par mois
- 5 jours sont rajoutés (360 + 5 = 365) : les sans-culottides : Vertu, Génie, Travail, Opinion et Récompenses
- Le jour supplémentaire des années bissextiles correspondait à la fête de la révolution

Les mois divisés en 3 décades (30 jours) correspondent à une période de l'année

- Vendémiaire : des vendanges ;
- Brumaire : des brouillards et brûmes ;
- Frimaire : du froid sec ou humide ;
- Nivôse : de la neige qui blanchit la terre ;
- Pluviôse : des pluies qui tombent avec plus d'abondance ;
- Ventôse : des giboulées et du vent qui vient sécher la terre ;
- Germinal : de la germination et de la montée de la sève ;
- Floréal : de l'épanouissement des fleurs ;
- Prairial : de la récolte des prairies et de la fécondité ;
- Messidor : des moissons dorées qui couvrent les champs ;
- Thermidor : de la chaleur solaire et terrestre qui embrase le sol ;
- Fructidor : des fruits que le soleil dore et mûrit.

Le nom des jours de la décade

- 1er jour : primidi ;
- 2ème jour : duodi ;
- 3ème jour : tridi ;
- 4ème jour : quartidi ;
- 5ème jour : quintidi ;
- 6ème jour : sextidi ;
- 7ème jour : septidi ;
- 8ème jour : octidi ;
- 9ème jour : nonidi ;
- 10ème jour : décadi (jour de repos - dimanche).

Convertir une date du calendrier républicain

Exemple : le 14 Nivôse An II

Vous cherchez dans la colonne An II (*Tableau de correspondance pages 10 et 11*)
Vous cherchez la ligne 1er Nivôse et 15 Nivôse
Vous calculez 15 moins 14 = 1 et comme le 15 Nivôse an II correspond au 4 janvier vous calculez 4 moins 1 = 3.

Le 14 Nivôse An II correspond au 3 janvier 1793.

Extrait Calendrier Républicain An III.

CORRESPONDANCE CALENDRIER RÉPUBLICAIN/GRÉGORIEN - AN II À L'AN VII

Mois Républicains	AN II 1793 - 1794	AN III 1794 - 1795	AN IV 1795 - 1796	AN V 1796 - 1797	AN VI 1797 - 1798	AN VII 1798 - 1799
1er Vendémiaire	22 sept. 1793	22 sept. 1794	23 sept. 1795	22 sept. 1796	22 sept.1797	22 sept. 1798
15 Vendémiaire	6 oct. 1793	6 oct. 1794	7 oct. 1795	6 oct. 1796	6 oct. 1797	6 oct. 1798
1er Brumaire	22 oct. 1793	22 oct. 1797	23 oct. 1795	22 oct. 1796	22 oct. 1797	22 oct. 1798
15 Brumaire	5 nov. 1793	5 nov. 1794	6 nov. 1795	5 nov. 1796	5 nov 1797	5 nov. 1798
1er Frimaire	21 nov. 1793	21 nov. 1794	22 nov. 1795	21 nov. 1796	21 nov. 1797	21 nov. 1798
15 Frimaire	5 déc. 1793	5 déc. 1794	6 déc. 1795	5 déc. 1796	5 déc. 1797	5 déc. 1798
1er Nivôse	21 déc. 1793	21 déc. 1794	22 déc. 1795	21 déc. 1796	21 déc. 1797	21 déc. 1798
15 Nivôse	4 janv. 1794	4 janv. 1795	5 janv. 1796	4 janv. 1797	4 janv. 1798	4 janv. 1799
1er Pluviôse	19 janv. 1794	19 janv. 1795	20 janv. 1796	19 janv. 1797	19 janv. 1798	19 janv. 1799
15 Pluviôse	3 févr. 1794	3 févr. 1795	4 févr. 1796	3 févr. 1797	3 févr. 1798	3 févr. 1799
1er Ventôse	19 févr. 1794	19 févr. 1795	20 févr. 1796	19 févr. 1797	19 févr. 1798	19 févr. 1799
15 Ventôse	5 mars 1794	5 mars 1795	5 mars 1796	5 mars 1797	5 mars 1798	5 mars 1799
1er Germinal	21 mars 1794	21 mars 1795	21 mars 1796	21 mars 1797	21 mars 1798	21 mars 1799
15 Germinal	4 avril 1794	4 avril 1795	4 avril 1796	4 avril 1797	4 avril 1798	4 avril 1799
1er Floréal	20 avril 1794	20 avril 1795	20 avril 1796	20 avril 1797	20 avril 1798	20 avril 1799
15 Floréal	4 mai 1794	4 mai 1795	4 mai 1796	4 mai 1797	4 mai 1798	4 mai 1799
1er Prairial	20 mai 1794	20 mai 1795	20 mai 1796	20 mai 1797	20 mai 1798	20 mai 1799
15 Prairial	3 juin 1794	3 juin 1795	3 juin 1796	3 juin 1797	3 juin 1798	3 juin 1799
1er Messidor	19 juin 1794	19 juin 1795	19 juin 1796	19 juin 1797	19 juin 1798	19 juin 1799
15 Messidor	3 juil. 1794	3 juil. 1795	3 juil. 1796	3 juil. 1797	3 juil. 1798	3 juil. 1799
1er Thermidor	19 juil. 1794	19 juil. 1795	19 juil. 1796	19 juil. 1797	19 juil. 1798	19 juil. 1799
15 Thermidor	2 août 1794	2 août 1795	2 août 1796	2 août 1797	2 août 1798	2 août 1799
1er Fructidor	18 août 1794	18 août 1795	18 août 1796	18 août 1797	18 août 1798	18 août 1799
15 Fructidor	1er sept. 1794	1er sept. 1795	1er sept. 1796	1er sept. 1797	1er sept. 1798	1er sept. 1799
5ème jour complémentaire	21 sept. 1794	21 sept. 1795	21 sept. 1796	21 sept. 1797	21 sept. 1798	21 sept. 1799
6ème jour complémentaire		22 sept. 1795				22 sept. 1799

CORRESPONDANCE CALENDRIER RÉPUBLICAIN/GRÉGORIEN – AN VIII À L'AN XIV

Mois Républicains	AN VIII 1799 - 1800	AN IX 1800 - 1801	AN X 1801 - 1802	AN XI 1802 - 1803	AN XII 1803 - 1804	AN XIII 1804 - 1805	AN XIV 1805
1er Vendémiaire	23 sept. 1799	23 sept. 1800	23 sept. 1801	23 sept. 1802	24 sept. 1803	23 sept. 1804	23 sept. 1805
15 Vendémiaire	7 oct. 1799	7 oct. 1800	7 oct. 1801	7 oct. 1802	8 oct. 1803	7 oct. 1804	7 oct. 1805
1er Brumaire	23 oct. 1799	23 oct. 1800	23 oct. 1801	23 oct. 1802	24 oct. 1803	23 oct. 1804	23 oct. 1805
15 Brumaire	6 nov. 1799	6 nov. 1800	6 nov. 1801	6 nov. 1802	7 nov. 1803	6 nov. 1804	6 nov. 1805
1er Frimaire	22 nov. 1799	22 nov. 1800	22 nov. 1801	22 nov. 1802	23 nov. 1803	22 nov. 1804	22 nov. 1805
15 Frimaire	6 déc. 1799	6 déc. 1800	6 déc. 1801	6 déc. 1802	7 déc. 1803	6 déc. 1804	6 déc. 1805
1er Nivôse	22 déc. 1799	22 déc. 1800	22 déc. 1801	22 déc. 1802	22 déc. 1803	22 déc. 1804	22 déc. 1805
15 Nivôse	5 janv. 1800	5 janv. 1801	5 janv. 1802	5 janv. 1803	5 janv. 1804	5 janv. 1805	
1er Pluviôse	21 janv. 1800	21 janv. 1801	21 janv. 1802	21 janv. 1803	22 janv. 1804	21 janv. 1805	
15 Pluviôse	4 fév. 1800	4 fév. 1801	4 fév. 1802	4 fév. 1803	5 fév. 1804	4 fév. 1805	
1er Ventôse	20 févr. 1800	20 févr. 1801	20 févr. 1802	20 févr. 1803	21 févr. 1804	20 févr. 1805	
15 Ventôse	6 mars 1800	6 mars 1801	6 mars 1802	6 mars 1803	6 mars 1804	6 mars 1805	
1er Germinal	22 mars 1800	22 mars 1801	22 mars 1802	22 mars 1803	22 mars 1804	22 mars 1805	
15 Germinal	5 avril 1800	5 avril 1801	5 avril 1802	5 avril 1803	5 avril 1804	5 avril 1805	
1er Floréal	21 avril 1800	21 avril 1801	21 avril 1802	21 avril 1803	21 avril 1804	21 avril 1805	
15 Floréal	5 mai 1800	5 mai 1801	5 mai 1802	5 mai 1803	5 mai 1804	5 mai 1805	
1er Prairial	21 mai 1800	21 mai 1801	21 mai 1802	21 mai 1803	21 mai 1804	21 mai 1805	
15 Prairial	4 juin 1800	4 juin 1801	4 juin 1802	4 juin 1803	4 juin 1804	4 juin 1805	
1er Messidor	20 juin 1800	20 juin 1801	20 juin 1802	20 juin 1803	20 juin 1804	20 juin 1805	
15 Messidor	4 juil. 1800	4 juil. 1801	4 juil. 1802	4 juil. 1803	4 juil. 1804	4 juil. 1805	
1er Thermidor	20 juil. 1800	20 juil. 1801	20 juil. 1802	20 juil. 1803	20 juil. 1804	20 juil. 1805	
15 Thermidor	3 août 1800	3 août 1801	3 août 1802	3 août 1803	3 août 1804	3 août 1805	
1er Fructidor	19 août 1800	19 août 1801	19 août 1802	19 août 1803	19 août 1804	19 août 1805	
15 Fructidor	2 sept. 1800	2 sept. 1801	2 sept. 1802	2 sept. 1803	2 sept. 1804	2 sept. 1805	
5ème jour complémentaire	22 sept. 1800	22 sept. 1801	22 sept. 1802	22 sept. 1803	22 sept. 1804	22 sept. 1805	
6ème jour complémentaire				23 sept. 1803			

COMMENCER LA RECHERCHE

LISTE DES SOURCES

Date	Source	Contact	Informations / Observations

LISTE DES SOURCES

Date	Source	Contact	Information / Observation

LISTE DES SOURCES

Date	Source	Contact	Information / Observation

LISTE DES SOURCES

JOURNAL DE RECHERCHES

Date	Objectif de la recherche Que voulez vous chercher ?	Méthode Quels documents prévoyez-vous de consulter ?	Source

Résultat Avez-vous trouvé ce que vous cherchiez ? Avez-vous trouvé d'autres informations ?	Certitude de l'information	Remarque / Suite à donner Votre recherche est-elle complète ?

JOURNAL DE RECHERCHES

Date	Objectif de la recherche Que voulez vous chercher ?	Méthode Quels documents prévoyez-vous de consulter ?	Source

Résultat Avez-vous trouvé ce que vous cherchiez ? Avez-vous trouvé d'autres informations ?	Certitude de l'information	Remarque / Suite à donner Votre recherche est-elle complète ?

JOURNAL DE RECHERCHES

| Date | Objectif de la recherche
Que voulez vous chercher ? | Méthode
Quels documents prévoyez-vous de consulter ? | Source |
|---|---|---|---|
| | | | |
| | | | |
| | | | |
| | | | |
| | | | |
| | | | |
| | | | |
| | | | |
| | | | |
| | | | |
| | | | |
| | | | |
| | | | |
| | | | |
| | | | |
| | | | |
| | | | |
| | | | |
| | | | |
| | | | |
| | | | |
| | | | |
| | | | |
| | | | |
| | | | |
| | | | |
| | | | |
| | | | |
| | | | |
| | | | |
| | | | |
| | | | |
| | | | |
| | | | |

Résultat Avez-vous trouvé ce que vous cherchiez ? Avez-vous trouvé d'autres informations ?	Certitude de l'information	Remarque / Suite à donner Votre recherche est-elle complète ?

Dates clés >

1700

HISTOIRE DE LA FAMILLE

FRISE HISTORIQUE

Les frises chronologiques sont l'une des meilleures méthodes pour illustrer des informations au fil du temps. Indiquez les dates clés qui ont marqué l'histoire de la famille au-dessus ou en-dessous de la frise.

Pour chaque date ajoutez ensuite un titre et le détail de l'événement.

En ajoutant des couleurs vous rendrez la frise chronologique plus facile à consulter par la suite.

1800

FRISE HISTORIQUE

Dates clés >

1850

1900

FRISE HISTORIQUE

Dates clés >

1950

2000

HISTORIQUE DES PATHOLOGIES

Sosa	Nom Prénom	Maladie Physique ou Mentale	Date de Décès	Cause du Décès

HISTORIQUE DES PATHOLOGIES

Sosa	Nom Prénom	Maladie Physique ou Mentale	Date de Décès	Cause du Décès

HISTORIQUE CRIMINEL

Sosa	Nom Prénom	Crime ou Délit - Lieu	Date	Condamnation

HISTORIQUE CRIMINEL

Sosa	Nom Prénom	Crime ou Délit - Lieu	Date	Condamnation

> Avant d'étudier les déplacements de vos ancêtres, définissez leurs régions de provenance.
>
> Retracez le parcours de vos ancêtres ayant bousculé leur vie en déménageant à plusieurs centaines de kilomètres par envie ou par besoin.
>
> Migration : déplacement définitif d'un ou plusieurs ancêtres vers une nouvelle région distante de plus de 100 kilomètres.

FEUILLES DE MIGRATION

Indiquez les migrations de vos ancêtres sur les plans en reprenant le numéro du tableau correspondant.

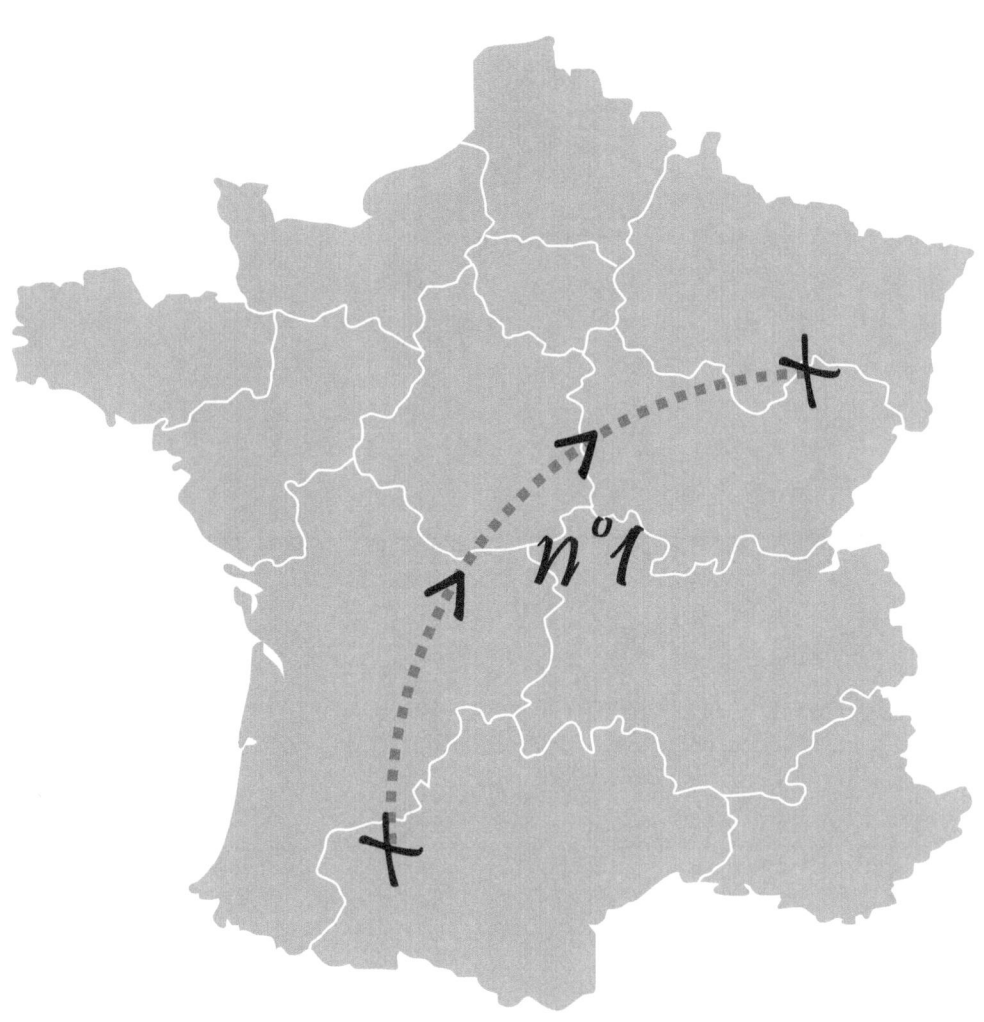

MIGRATION DANS LE MONDE

	Noms	Années	Lieux	
			Départ	Arrivée
1				
2				
3				
4				
5				
6				
7				
8				
9				
10				
11				
12				
13				
14				
15				

MIGRATION - EUROPE

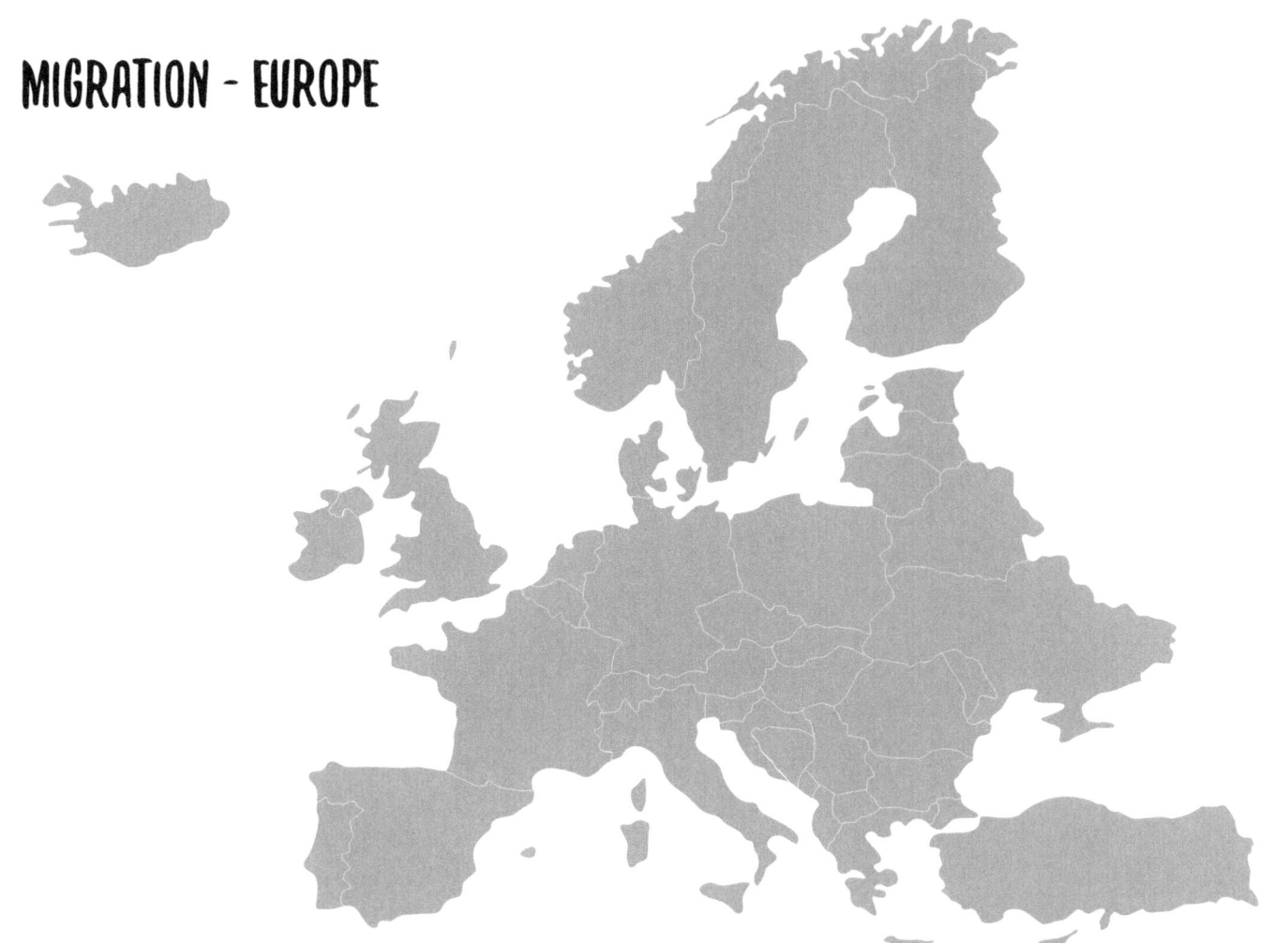

	Noms	Années	Lieux	
			Départ	Arrivée
1				
2				
3				
4				
5				
6				
7				
8				
9				
10				
11				
12				
13				
14				
15				

MIGRATION - AMERIQUE DU NORD

	Noms	Années	Lieux	
			Départ	Arrivée
1				
2				
3				
4				
5				
6				
7				
8				
9				
10				
11				
12				
13				
14				
15				

MIGRATION - AMERIQUE DU SUD

	Noms	Années	Lieux	
			Départ	Arrivée
1				
2				
3				
4				
5				
6				
7				
8				
9				
10				
11				
12				
13				
14				
15				

MIGRATION - AFRIQUE

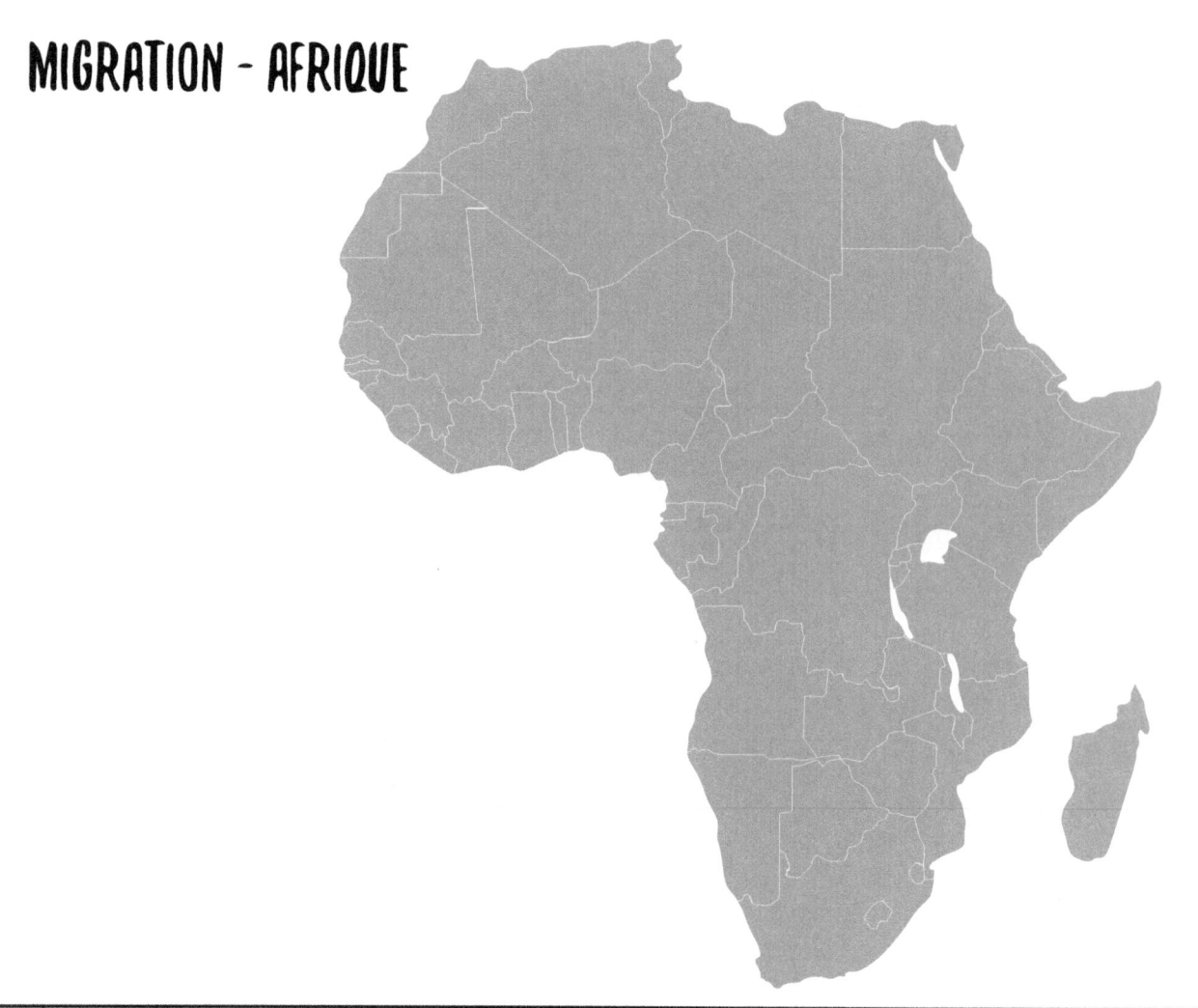

	Noms	Années	Lieux	
			Départ	Arrivée
1				
2				
3				
4				
5				
6				
7				
8				
9				
10				
11				
12				
13				
14				
15				

MIGRATION - ASIE

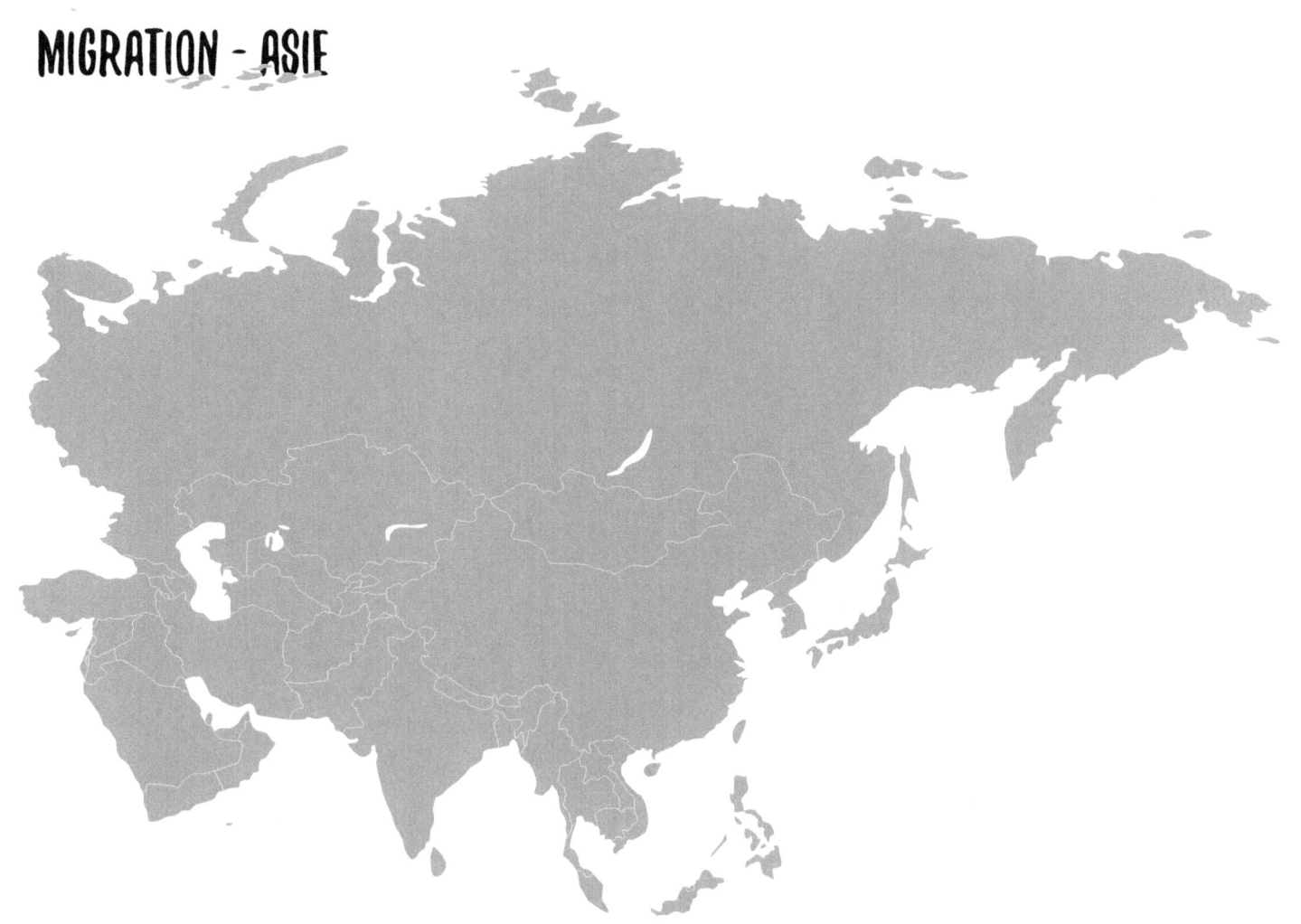

	Noms	Années	Lieux	
			Départ	Arrivée
1				
2				
3				
4				
5				
6				
7				
8				
9				
10				
11				
12				
13				
14				
15				

MIGRATION - OCÉANIE

	Noms	Années	Lieux	
			Départ	Arrivée
1				
2				
3				
4				
5				
6				
7				
8				
9				
10				
11				
12				
13				
14				
15				

MIGRATION - FRANCE

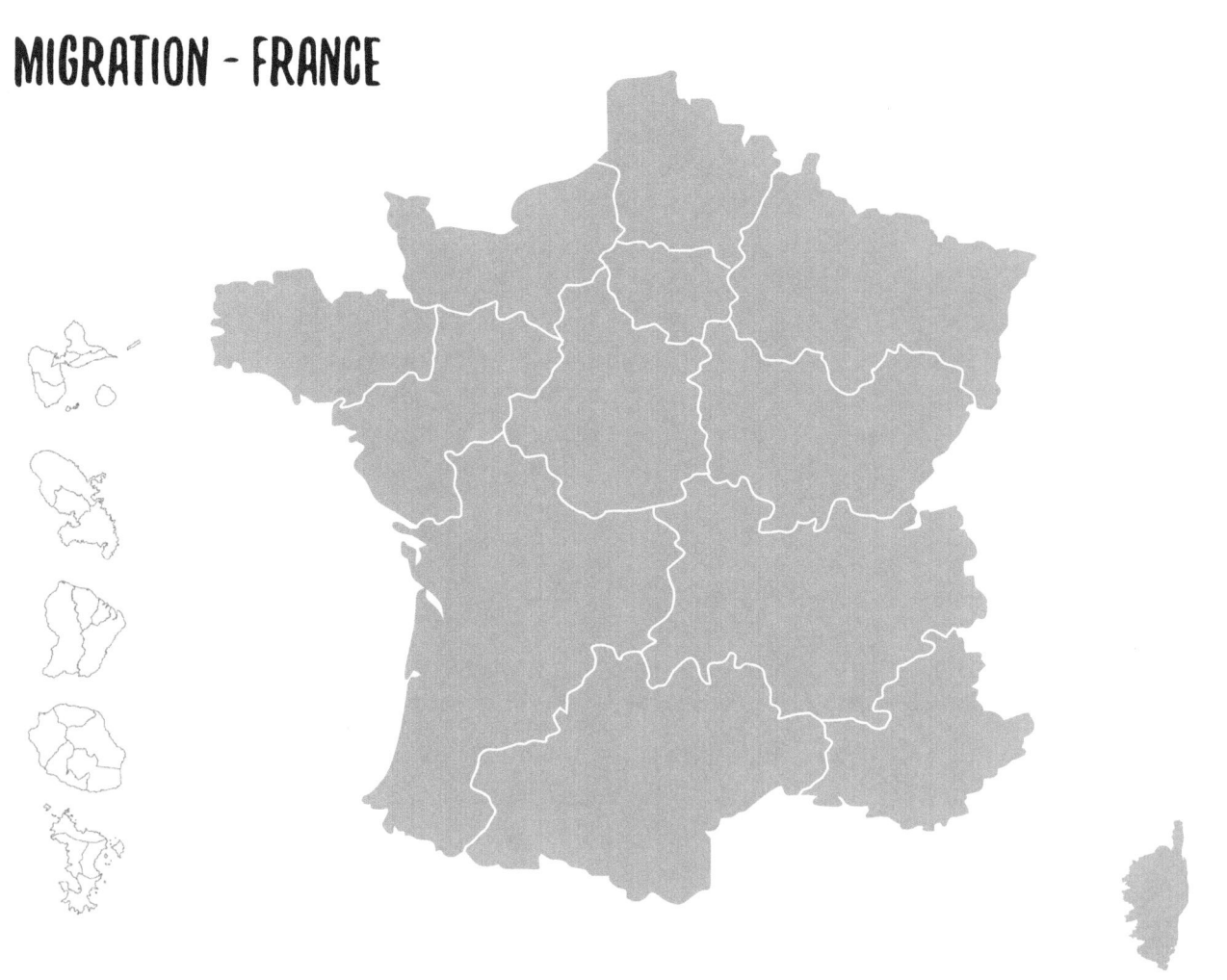

	Noms	Années	Lieux	
			Départ	Arrivée
1				
2				
3				
4				
5				
6				
7				
8				
9				
10				
11				
12				
13				
14				
15				

MIGRATION - FRANCE

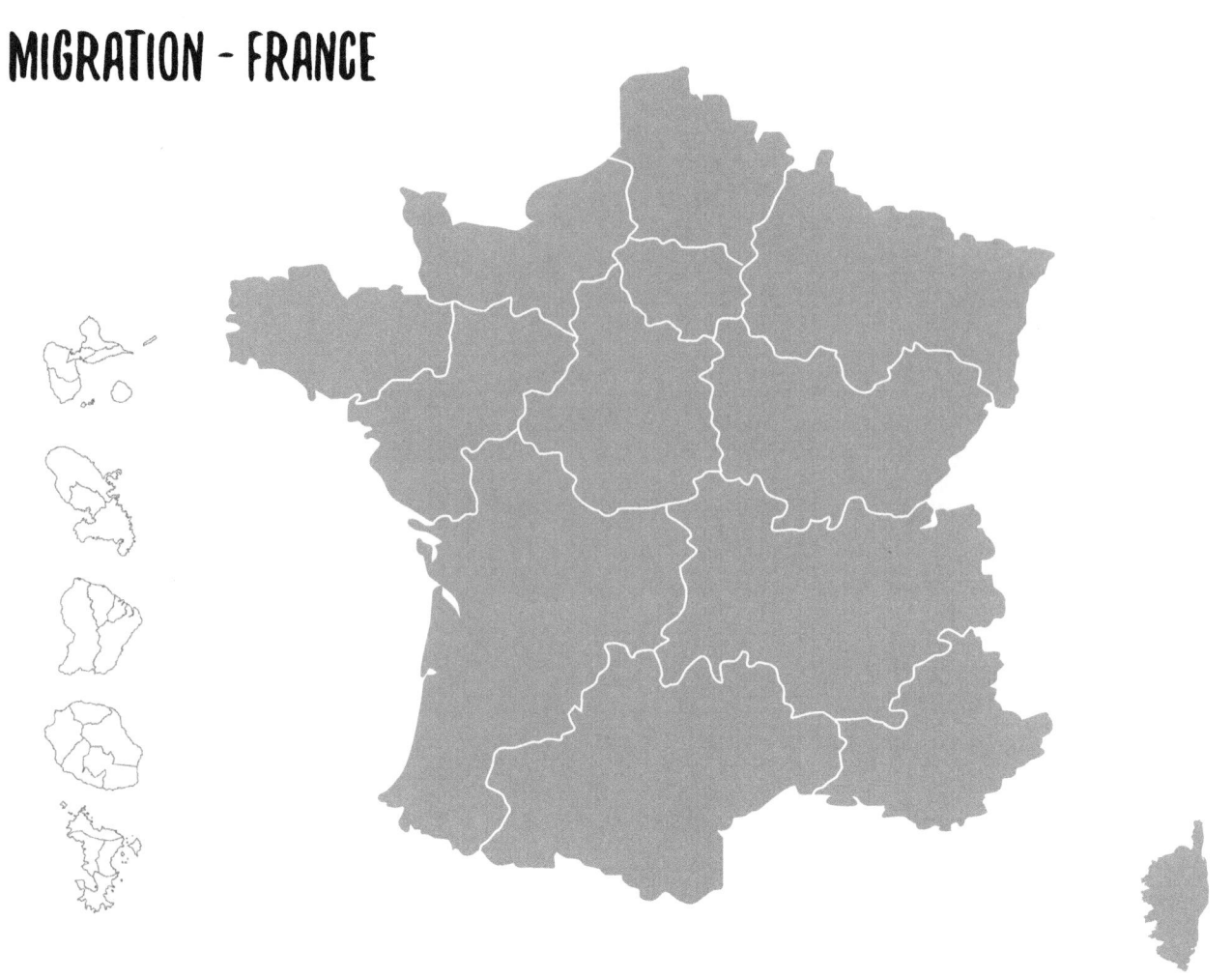

	Noms	Années	Lieux	
			Départ	Arrivée
1				
2				
3				
4				
5				
6				
7				
8				
9				
10				
11				
12				
13				
14				
15				

MIGRATION - FRANCE

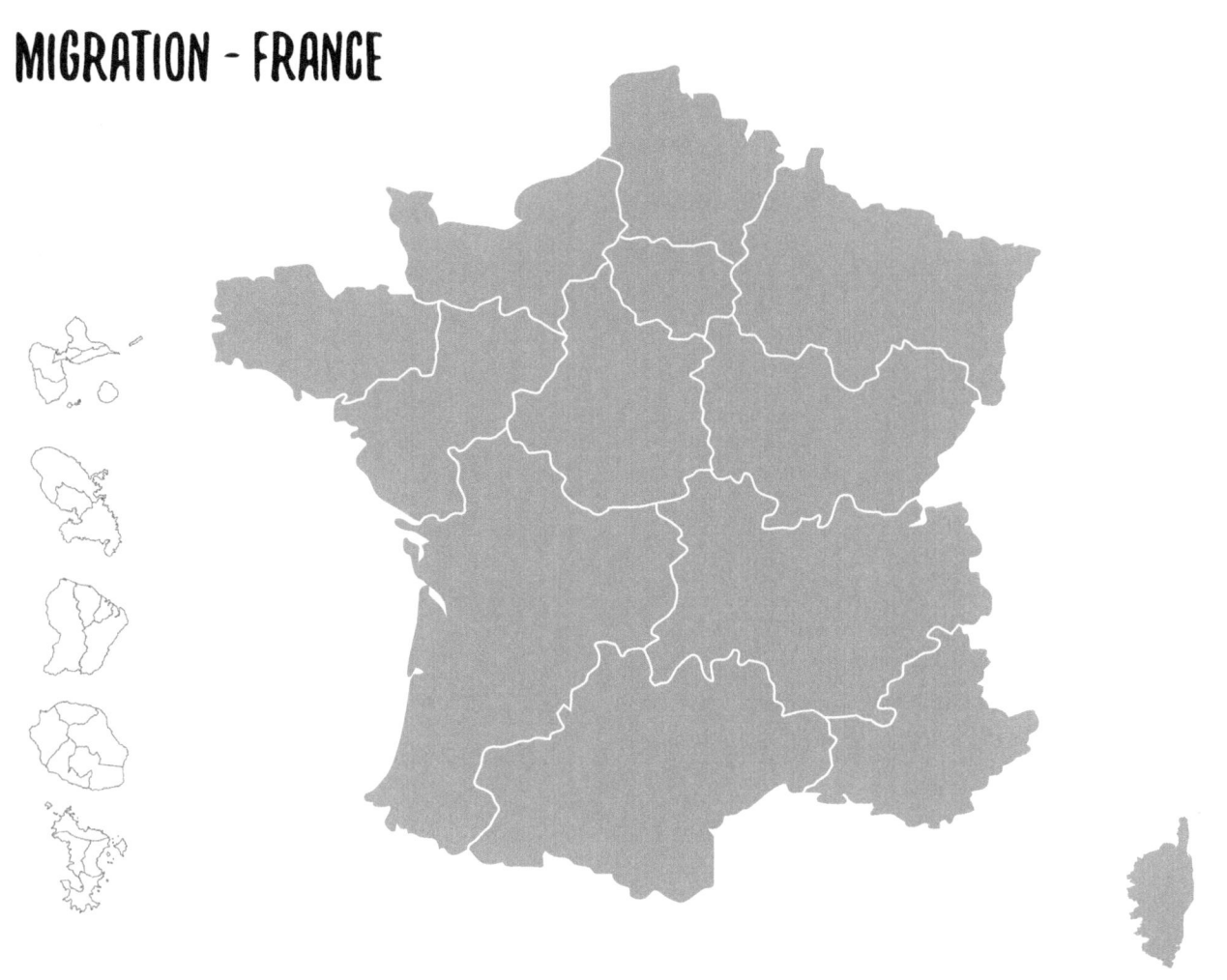

	Noms	Années	Lieux	
			Départ	Arrivée
1				
2				
3				
4				
5				
6				
7				
8				
9				
10				
11				
12				
13				
14				
15				

ARBRE GÉNÉALOGIQUE GÉNÉRATIONS 1 À 6

SOSA 1 À 63

ASCENDANCE du SOSA 001 (voir page n° 053)

3ème Génération ♂

SOSA 4

3ème Génération ♀

SOSA 5

2ème Génération ♂

SOSA 2

SOSA 1 DE CUJUS

1ère Génération

Naissance † Décès ⚭ Union

3ème Génération ♂

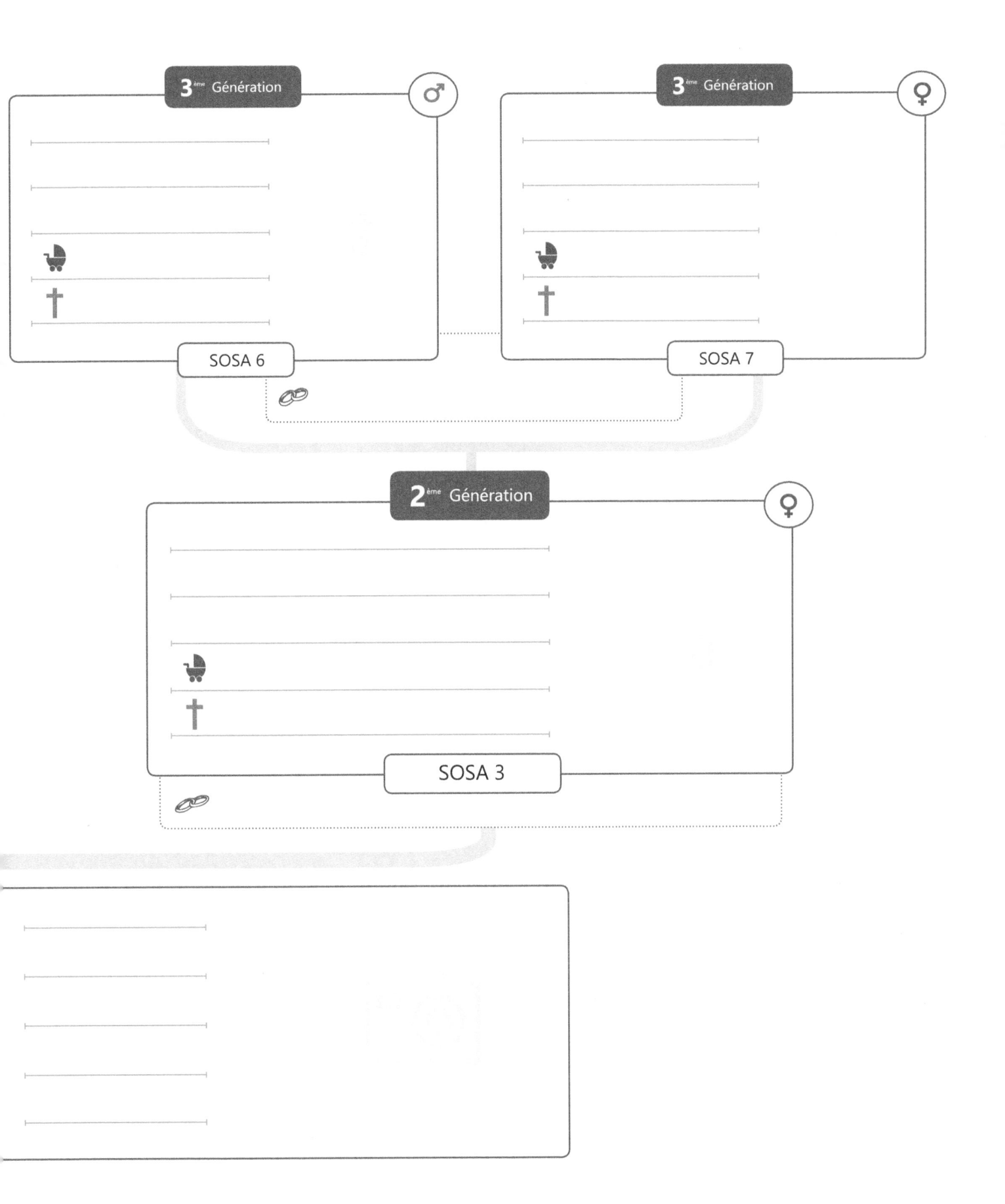

SOSA 6

3ème Génération ♀

SOSA 7

2ème Génération ♀

SOSA 3

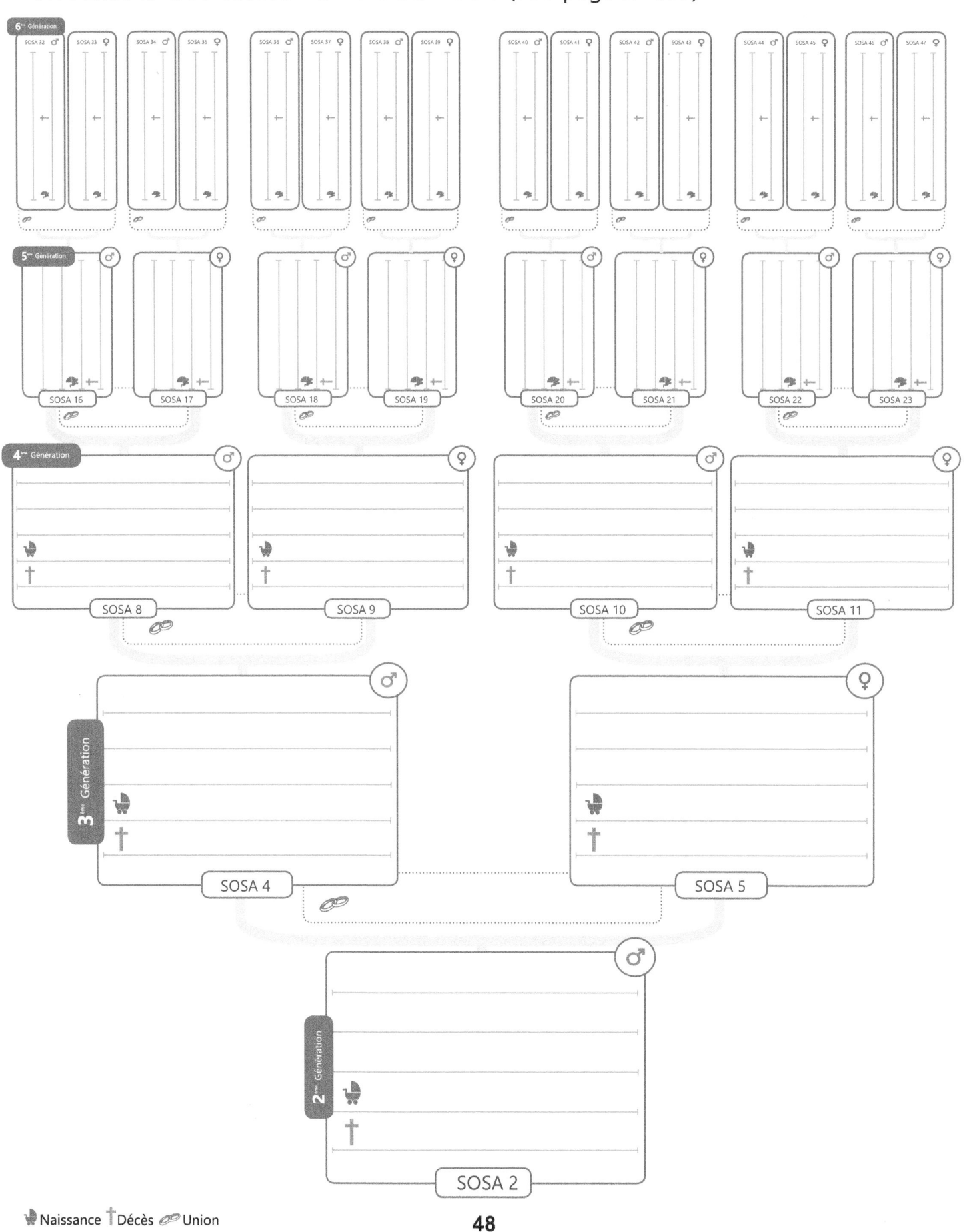

ASCENDANCE PATERNELLE du SOSA 001 (voir page n° 053)

6ème Génération: SOSA 32 ♂, SOSA 33 ♀, SOSA 34 ♂, SOSA 35 ♀, SOSA 36 ♂, SOSA 37 ♀, SOSA 38 ♂, SOSA 39 ♀, SOSA 40 ♂, SOSA 41 ♀, SOSA 42 ♂, SOSA 43 ♀, SOSA 44 ♂, SOSA 45 ♀, SOSA 46 ♂, SOSA 47 ♀

5ème Génération: SOSA 16 ♂, SOSA 17 ♀, SOSA 18 ♂, SOSA 19 ♀, SOSA 20 ♂, SOSA 21 ♀, SOSA 22 ♂, SOSA 23 ♀

4ème Génération: SOSA 8 ♂, SOSA 9 ♀, SOSA 10 ♂, SOSA 11 ♀

3ème Génération: SOSA 4 ♂, SOSA 5 ♀

2ème Génération: SOSA 2 ♂

🍼 Naissance †Décès ⚭ Union

48

ASCENDANCE MATERNELLE du SOSA 001 (voir page n° 053)

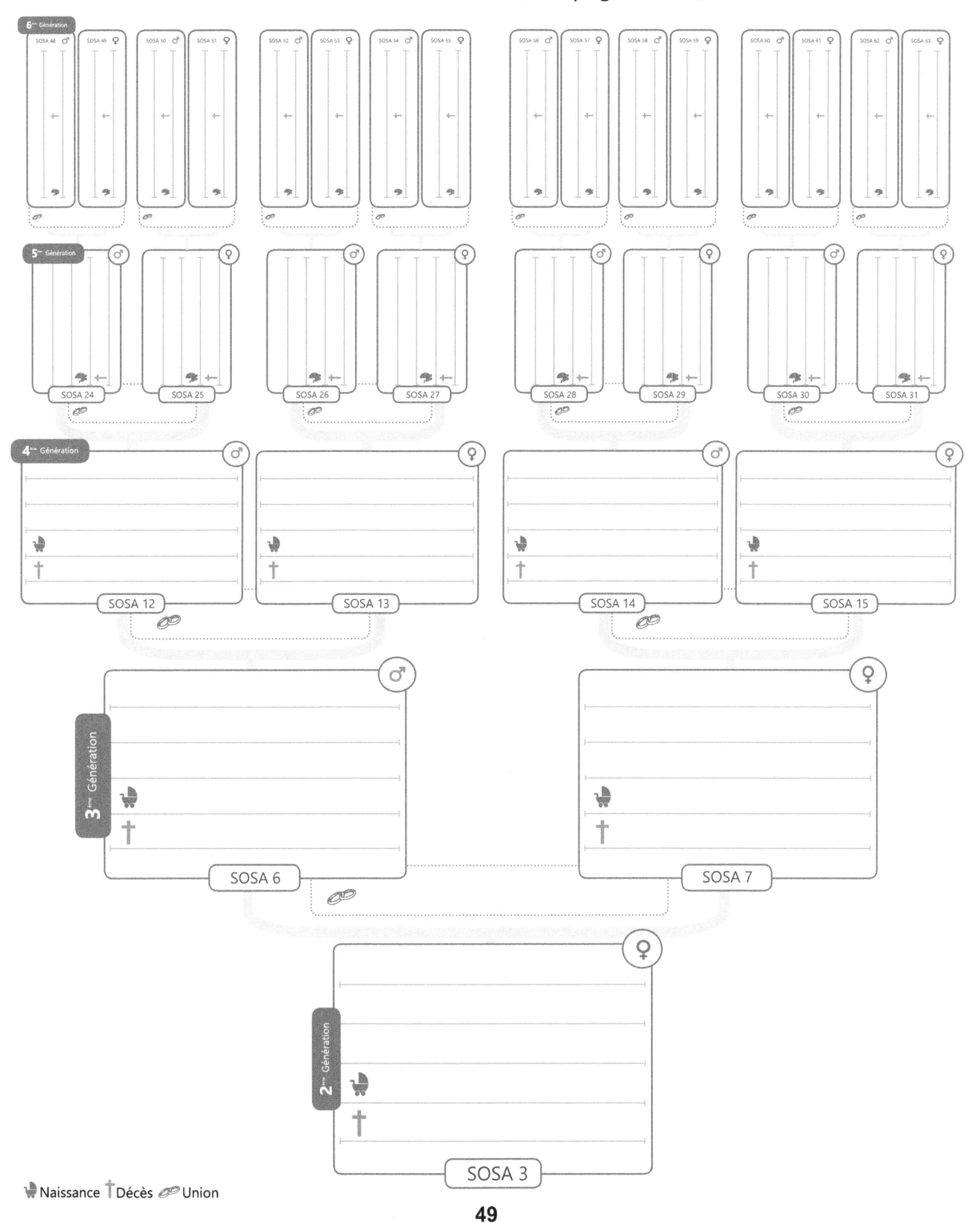

6ème Génération: SOSA 48 ♂, SOSA 49 ♀, SOSA 50 ♂, SOSA 51 ♀, SOSA 52 ♂, SOSA 53 ♀, SOSA 54 ♂, SOSA 55 ♀, SOSA 56 ♂, SOSA 57 ♀, SOSA 58 ♂, SOSA 59 ♀, SOSA 60 ♂, SOSA 61 ♀, SOSA 62 ♂, SOSA 63 ♀

5ème Génération: SOSA 24 ♂, SOSA 25 ♀, SOSA 26 ♂, SOSA 27 ♀, SOSA 28 ♂, SOSA 29 ♀, SOSA 30 ♂, SOSA 31 ♀

4ème Génération: SOSA 12 ♂, SOSA 13 ♀, SOSA 14 ♂, SOSA 15 ♀

3ème Génération: SOSA 6 ♂, SOSA 7 ♀

2ème Génération: SOSA 3 ♀

Naissance † Décès ⚭ Union

FICHES INDIVIDUELLES

SOSA 1 À 63

" Que vous soyez un généalogiste débutant ou confirmé il vous faudra une bonne organisation !

Grâce aux fiches individuelles allant du sosa n°1 au sosa n°63 vous allez pouvoir indiquer tous les renseignements issus de vos recherches pour les 6 premières générations. "

SOSA 1

1ère Génération

Parents page 54 et 55

Nom :

Prénom(s) :

Né(e) le :   à :

Fils ou Fille de :

Et de :

Baptisé(e) le :   à :

Profession :

Décès

le :   à :

Sépulture :   ☐ Inhumé(e)   ☐ Incinéré(e)

le :   à :

SITUATION MATRIMONIALE

☐ Mariage civil   ☐ Mariage religieux   ☐ Pacs   ☐ Union libre

le :   à :

Témoins :

☐ Séparation   ☐ Divorce

le :   à :

ENFANTS

1	6
2	7
3	8
4	9
5	10

FRERES ET SOEURS

1	6
2	7
3	8
4	9
5	10

SOSA 2

2ème Génération
Ascendant Paternel
Parents page 56 et 57

Nom :

Prénom(s) :

Né le :   à :

Fils de :

Et de :

Baptisé le :   à :

Profession :

Décès

le :   à :

Sépulture :   ☐ Inhumé   ☐ Incinéré

le :   à :

SITUATION MATRIMONIALE

☐ Mariage civil   ☐ Mariage religieux   ☐ Pacs   ☐ Union libre

le :   à :

Témoins :

☐ Séparation   ☐ Divorce

le :   à :

FRERES ET SOEURS

1	6
2	7
3	8
4	9
5	10

NOTES

SOSA 3

2ème Génération
Ascendant Maternel
Parents page 58 et 59

Nom :

Prénom(s) :

Née le :   à :

Fille de :

Et de :

Baptisée le :   à :

Profession :

Décès

le :   à :

Sépulture :   ☐ Inhumée   ☐ Incinérée

le :   à :

ENFANTS

1	6
2	7
3	8
4	9
5	10

FRERES ET SOEURS

1	6
2	7
3	8
4	9
5	10

NOTES

SOSA 4

3ème Génération
Ascendant Paternel
Parents page 60 et 61

Nom :

Prénom(s) :

Né le :   à :

Fils de :

Et de :

Baptisé le :   à :

Profession :

Décès

le :   à :

Sépulture :   ☐ Inhumé   ☐ Incinéré

le :   à :

SITUATION MATRIMONIALE

☐ Mariage civil   ☐ Mariage religieux   ☐ Pacs   ☐ Union libre

le :   à :

Témoins :

☐ Séparation   ☐ Divorce

le :   à :

FRERES ET SOEURS

1	6
2	7
3	8
4	9
5	10

NOTES

SOSA **5**

3ème Génération
Ascendant Paternel
Parents page 62 et 63

Nom :

Prénom(s) :

Née le :   à :

Fille de :

Et de :

Baptisée le :   à :

Profession :

Décès

le :   à :

Sépulture :   ☐ Inhumée   ☐ Incinérée

le :   à :

ENFANTS

1   6
2   7
3   8
4   9
5   10

FRERES ET SOEURS

1   6
2   7
3   8
4   9
5   10

NOTES

SOSA 6

4ème Génération
Ascendant Maternel
Parents page 64 et 65

Nom :

Prénom(s) :

Né le :   à :

Fils de :

Et de :

Baptisé le :   à :

Profession :

Décès

le :   à :

Sépulture :   ☐ Inhumé   ☐ Incinéré

le :   à :

SITUATION MATRIMONIALE

☐ Mariage civil   ☐ Mariage religieux   ☐ Pacs   ☐ Union libre

le :   à :

Témoins :

☐ Séparation   ☐ Divorce

le :   à :

FRERES ET SOEURS

1	6
2	7
3	8
4	9
5	10

NOTES

SOSA 1

4ème Génération
Ascendant Maternel
Parents page 66 et 67

Nom : _____

Prénom(s) : _____

Née le : _____ à : _____

Fille de : _____

Et de : _____

Baptisée le : _____ à : _____

Profession : _____

Décès

le : _____ à : _____

Sépulture :   ☐ Inhumée   ☐ Incinérée

le : _____ à : _____

ENFANTS

1	6
2	7
3	8
4	9
5	10

FRERES ET SOEURS

1	6
2	7
3	8
4	9
5	10

NOTES

SOSA 8

4ème Génération
Ascendant Paternel
Parents page 68 et 69

Nom :

Prénom(s) :

Né le :   à :

Fils de :

Et de :

Baptisé le :   à :

Profession :

Décès

le :   à :

Sépulture :   ☐ Inhumé   ☐ Incinéré

le :   à :

SITUATION MATRIMONIALE

☐ Mariage civil   ☐ Mariage religieux   ☐ Pacs   ☐ Union libre

le :   à :

Témoins :

☐ Séparation   ☐ Divorce

le :   à :

FRERES ET SOEURS

1	6
2	7
3	8
4	9
5	10

NOTES

SOSA 9

4ème Génération
Ascendant Paternel
Parents page 70 et 71

Nom :

Prénom(s) :

Née le :   à :

Fille de :

Et de :

Baptisée le :   à :

Profession :

Décès

le :   à :

Sépulture :   ☐ Inhumée   ☐ Incinérée

le :   à :

ENFANTS

1	6
2	7
3	8
4	9
5	10

FRERES ET SOEURS

1	6
2	7
3	8
4	9
5	10

NOTES

SOSA 10

4ème Génération
Ascendant Paternel
Parents page 72 et 73

Nom :

Prénom(s) :

Né le : à :

Fils de :

Et de :

Baptisé le : à :

Profession :

Décès

le : à :

Sépulture : ☐ Inhumé ☐ Incinéré

le : à :

SITUATION MATRIMONIALE

☐ Mariage civil ☐ Mariage religieux ☐ Pacs ☐ Union libre

le : à :

Témoins :

☐ Séparation ☐ Divorce

le : à :

FRERES ET SOEURS

1	6
2	7
3	8
4	9
5	10

NOTES

SOSA 11

4ème Génération
Ascendant Paternel
Parents page 74 et 75

Nom :

Prénom(s) :

Née le :   à :

Fille de :

Et de :

Baptisée le :   à :

Profession :

Décès

le :   à :

Sépulture :   ☐ Inhumée   ☐ Incinérée

le :   à :

ENFANTS

1	6
2	7
3	8
4	9
5	10

FRERES ET SOEURS

1	6
2	7
3	8
4	9
5	10

NOTES

SOSA 12

4ème Génération
Ascendant Maternel
Parents page 76 et 77

Nom :

Prénom(s) :

Né le :   à :

Fils de :

Et de :

Baptisé le :   à :

Profession :

Décès

le :   à :

Sépulture :   ☐ Inhumé   ☐ Incinéré

le :   à :

SITUATION MATRIMONIALE

☐ Mariage civil   ☐ Mariage religieux   ☐ Pacs   ☐ Union libre

le :   à :

Témoins :

☐ Séparation   ☐ Divorce

le :   à :

FRERES ET SOEURS

1	6
2	7
3	8
4	9
5	10

NOTES

SOSA 13

4ème Génération
Ascendant Maternel
Parents page 78 et 79

Nom :

Prénom(s) :

Née le : à :

Fille de :

Et de :

Baptisée le : à :

Profession :

Décès

le : à :

Sépulture :   ☐ Inhumée   ☐ Incinérée

le : à :

ENFANTS

1	6
2	7
3	8
4	9
5	10

FRERES ET SOEURS

1	6
2	7
3	8
4	9
5	10

NOTES

SOSA 14

4ème Génération
Ascendant Maternel
Parents page 80 et 81

Nom :

Prénom(s) :

Né le :   à :

Fils de :

Et de :

Baptisé le :   à :

Profession :

Décès

le :   à :

Sépulture :   ☐ Inhumé   ☐ Incinéré

le :   à :

SITUATION MATRIMONIALE

☐ Mariage civil   ☐ Mariage religieux   ☐ Pacs   ☐ Union libre

le :   à :

Témoins :

☐ Séparation   ☐ Divorce

le :   à :

FRERES ET SOEURS

1   6
2   7
3   8
4   9
5   10

NOTES

SOSA 15

4ème Génération
Ascendant Maternel
Parents page 82 et 83

Nom :

Prénom(s) :

Née le :   à :

Fille de :

Et de :

Baptisée le :   à :

Profession :

Décès

le :   à :

Sépulture :   ☐ Inhumée   ☐ Incinérée

le :   à :

ENFANTS

1   6
2   7
3   8
4   9
5   10

FRERES ET SOEURS

1   6
2   7
3   8
4   9
5   10

NOTES

SOSA 16

5ème Génération
Ascendant Paternel
Parents page 84 et 85

Nom :

Prénom(s) :

Né le :   à :

Fils de :

Et de :

Baptisé le :   à :

Profession :

Décès

le :   à :

Sépulture :   ☐ Inhumé   ☐ Incinéré

le :   à :

SITUATION MATRIMONIALE

☐ Mariage civil   ☐ Mariage religieux   ☐ Pacs   ☐ Union libre

le :   à :

Témoins :

☐ Séparation   ☐ Divorce

le :   à :

FRERES ET SOEURS

1	6
2	7
3	8
4	9
5	10

NOTES

SOSA 17

5ème Génération
Ascendant Paternel
Parents page 86 et 87

Nom : _____

Prénom(s) : _____

Née le : _____ à : _____

Fille de : _____

Et de : _____

Baptisée le : _____ à : _____

Profession : _____

Décès

le : _____ à : _____

Sépulture : ☐ Inhumée   ☐ Incinérée

le : _____ à : _____

ENFANTS

1		6	
2		7	
3		8	
4		9	
5		10	

FRERES ET SOEURS

1		6	
2		7	
3		8	
4		9	
5		10	

NOTES

SOSA 18

5ème Génération
Ascendant Paternel
Parents page 88 et 89

Nom :

Prénom(s) :

Né le :   à :

Fils de :

Et de :

Baptisé le :   à :

Profession :

Décès

le :   à :

Sépulture :   ☐ Inhumé   ☐ Incinéré

le :   à :

SITUATION MATRIMONIALE

☐ Mariage civil   ☐ Mariage religieux   ☐ Pacs   ☐ Union libre

le :   à :

Témoins :

☐ Séparation   ☐ Divorce

le :   à :

FRERES ET SOEURS

1   6

2   7

3   8

4   9

5   10

NOTES

SOSA 19

5ème Génération
Ascendant Paternel
Parents page 90 et 91

Nom :

Prénom(s) :

Née le :   à :

Fille de :

Et de :

Baptisée le :   à :

Profession :

Décès

le :   à :

Sépulture :   ☐ Inhumée   ☐ Incinérée

le :   à :

ENFANTS

1	6
2	7
3	8
4	9
5	10

FRERES ET SOEURS

1	6
2	7
3	8
4	9
5	10

NOTES

SOSA 20

5ème Génération
Ascendant Paternel
Parents page 92 et 93

Nom :

Prénom(s) :

Né le :   à :

Fils de :

Et de :

Baptisé le :   à :

Profession :

Décès

le :   à :

Sépulture :   ☐ Inhumé   ☐ Incinéré

le :   à :

SITUATION MATRIMONIALE

☐ Mariage civil   ☐ Mariage religieux   ☐ Pacs   ☐ Union libre

le :   à :

Témoins :

☐ Séparation   ☐ Divorce

le :   à :

FRERES ET SOEURS

1	6
2	7
3	8
4	9
5	10

NOTES

SOSA 21

5ème Génération
Ascendant Paternel
Parents page 94 et 95

Nom :

Prénom(s) :

Née le : à :

Fille de :

Et de :

Baptisée le : à :

Profession :

Décès

le : à :

Sépulture :   ☐ Inhumée   ☐ Incinérée

le : à :

ENFANTS

1.   6.
2.   7.
3.   8.
4.   9.
5.   10.

FRERES ET SOEURS

1.   6.
2.   7.
3.   8.
4.   9.
5.   10.

NOTES

SOSA 22

5ème Génération
Ascendant Paternel
Parents page 96 et 97

Nom :

Prénom(s) :

Né le :   à :

Fils de :

Et de :

Baptisé le :   à :

Profession :

Décès

le :   à :

Sépulture :   ☐ Inhumé   ☐ Incinéré

le :   à :

SITUATION MATRIMONIALE

☐ Mariage civil   ☐ Mariage religieux   ☐ Pacs   ☐ Union libre

le :   à :

Témoins :

☐ Séparation   ☐ Divorce

le :   à :

FRERES ET SOEURS

1	6
2	7
3	8
4	9
5	10

NOTES

SOSA 23

5ème Génération
Ascendant Paternel
Parents page 98 et 99

Nom :

Prénom(s) :

Née le :   à :

Fille de :

Et de :

Baptisée le :   à :

Profession :

Décès

le :   à :

Sépulture :   ☐ Inhumée   ☐ Incinérée

le :   à :

ENFANTS

1	6
2	7
3	8
4	9
5	10

FRERES ET SOEURS

1	6
2	7
3	8
4	9
5	10

NOTES

SOSA 24

5ème Génération
Ascendant Maternel
Parents page 100 et 101

Nom :

Prénom(s) :

Né le :   à :

Fils de :

Et de :

Baptisé le :   à :

Profession :

Décès

le :   à :

Sépulture :   ☐ Inhumé   ☐ Incinéré

le :   à :

SITUATION MATRIMONIALE

☐ Mariage civil   ☐ Mariage religieux   ☐ Pacs   ☐ Union libre

le :   à :

Témoins :

☐ Séparation   ☐ Divorce

le :   à :

FRERES ET SOEURS

1	6
2	7
3	8
4	9
5	10

NOTES

SOSA 25

5ème Génération
Ascendant Maternel
Parents page 102 et 103

Nom :

Prénom(s) :

Née le :   à :

Fille de :

Et de :

Baptisée le :   à :

Profession :

Décès

le :   à :

Sépulture :   ☐ Inhumée   ☐ Incinérée

le :   à :

ENFANTS

1   6
2   7
3   8
4   9
5   10

FRERES ET SOEURS

1   6
2   7
3   8
4   9
5   10

NOTES

SOSA 26

5ème Génération
Ascendant Maternel
Parents page 104 et 105

Nom :

Prénom(s) :

Né le :   à :

Fils de :

Et de :

Baptisé le :   à :

Profession :

Décès

le :   à :

Sépulture :   ☐ Inhumé   ☐ Incinéré

le :   à :

SITUATION MATRIMONIALE

☐ Mariage civil   ☐ Mariage religieux   ☐ Pacs   ☐ Union libre

le :   à :

Témoins :

☐ Séparation   ☐ Divorce

le :   à :

FRERES ET SOEURS

1	6
2	7
3	8
4	9
5	10

NOTES

SOSA 27

5ème Génération
Ascendant Maternel
Parents page 106 et 107

Nom : _____

Prénom(s) : _____

Née le : _____ à : _____

Fille de : _____

Et de : _____

Baptisée le : _____ à : _____

Profession : _____

Décès

le : _____ à : _____

Sépulture :   ☐ Inhumée   ☐ Incinérée

le : _____ à : _____

ENFANTS

1	6
2	7
3	8
4	9
5	10

FRERES ET SOEURS

1	6
2	7
3	8
4	9
5	10

NOTES

SOSA 28

5ème Génération
Ascendant Maternel
Parents page 108 et 109

Nom :

Prénom(s) :

Né le :   à :

Fils de :

Et de :

Baptisé le :   à :

Profession :

Décès

le :   à :

Sépulture :   ☐ Inhumé   ☐ Incinéré

le :   à :

SITUATION MATRIMONIALE

☐ Mariage civil   ☐ Mariage religieux   ☐ Pacs   ☐ Union libre

le :   à :

Témoins :

☐ Séparation   ☐ Divorce

le :   à :

FRERES ET SOEURS

1	6
2	7
3	8
4	9
5	10

NOTES

SOSA 29

5ème Génération
Ascendant Maternel
Parents page 110 et 111

Nom :

Prénom(s) :

Née le :   à :

Fille de :

Et de :

Baptisée le :   à :

Profession :

Décès

le :   à :

Sépulture :   ☐ Inhumée   ☐ Incinérée

le :   à :

ENFANTS

1	6
2	7
3	8
4	9
5	10

FRERES ET SOEURS

1	6
2	7
3	8
4	9
5	10

NOTES

SOSA 30

5ème Génération
Ascendant Maternel
Parents page 112 et 113

Nom :

Prénom(s) :

Né le :   à :

Fils de :

Et de :

Baptisé le :   à :

Profession :

Décès

le :   à :

Sépulture :   ☐ Inhumé   ☐ Incinéré

le :   à :

SITUATION MATRIMONIALE

☐ Mariage civil   ☐ Mariage religieux   ☐ Pacs   ☐ Union libre

le :   à :

Témoins :

☐ Séparation   ☐ Divorce

le :   à :

FRERES ET SOEURS

1   6

2   7

3   8

4   9

5   10

NOTES

SOSA 31

5ème Génération
Ascendant Maternel
Parents page 114 et 115

Nom :

Prénom(s) :

Née le :   à :

Fille de :

Et de :

Baptisée le :   à :

Profession :

Décès

le :   à :

Sépulture :   ☐ Inhumée   ☐ Incinérée

le :   à :

ENFANTS

1	6
2	7
3	8
4	9
5	10

FRERES ET SOEURS

1	6
2	7
3	8
4	9
5	10

NOTES

SOSA 32

6ème Génération
Ascendant Paternel
Parents page 118 et 119

Nom :

Prénom(s) :

Né le :   à :

Fils de :

Et de :

Baptisé le :   à :

Profession :

Décès

le :   à :

Sépulture :   ☐ Inhumé   ☐ Incinéré

le :   à :

SITUATION MATRIMONIALE

☐ Mariage civil   ☐ Mariage religieux   ☐ Pacs   ☐ Union libre

le :   à :

Témoins :

☐ Séparation   ☐ Divorce

le :   à :

FRERES ET SOEURS

1   6
2   7
3   8
4   9
5   10

NOTES

SOSA 33

6ème Génération
Ascendant Paternel
Parents page 120 et 121

Nom :

Prénom(s) :

Née le :   à :

Fille de :

Et de :

Baptisée le :   à :

Profession :

Décès

le :   à :

Sépulture :   ☐ Inhumée   ☐ Incinérée

le :   à :

ENFANTS

1	6
2	7
3	8
4	9
5	10

FRERES ET SOEURS

1	6
2	7
3	8
4	9
5	10

NOTES

SOSA 34

6ème Génération
Ascendant Paternel
Parents page 122 et 123

Nom :

Prénom(s) :

Né le :   à :

Fils de :

Et de :

Baptisé le :   à :

Profession :

Décès

le :   à :

Sépulture :   ☐ Inhumé   ☐ Incinéré

le :   à :

SITUATION MATRIMONIALE

☐ Mariage civil   ☐ Mariage religieux   ☐ Pacs   ☐ Union libre

le :   à :

Témoins :

☐ Séparation   ☐ Divorce

le :   à :

FRERES ET SOEURS

1	6
2	7
3	8
4	9
5	10

NOTES

SOSA 35

6ème Génération
Ascendant Paternel
Parents page 124 et 125

Nom :

Prénom(s) :

Née le :   à :

Fille de :

Et de :

Baptisée le :   à :

Profession :

Décès

le :   à :

Sépulture :   ☐ Inhumée   ☐ Incinérée

le :   à :

ENFANTS

1	6
2	7
3	8
4	9
5	10

FRERES ET SOEURS

1	6
2	7
3	8
4	9
5	10

NOTES

SOSA 36

6ème Génération
Ascendant Paternel
Parents page 126 et 127

Nom :

Prénom(s) :

Né le :   à :

Fils de :

Et de :

Baptisé le :   à :

Profession :

Décès

le :   à :

Sépulture :   ☐ Inhumé   ☐ Incinéré

le :   à :

SITUATION MATRIMONIALE

☐ Mariage civil   ☐ Mariage religieux   ☐ Pacs   ☐ Union libre

le :   à :

Témoins :

☐ Séparation   ☐ Divorce

le :   à :

FRERES ET SOEURS

1	6
2	7
3	8
4	9
5	10

NOTES

SOSA 37

6ème Génération
Ascendant Paternel
Parents page 128 et 129

Nom :

Prénom(s) :

Née le :   à :

Fille de :

Et de :

Baptisée le :   à :

Profession :

Décès

le :   à :

Sépulture :   ☐ Inhumée   ☐ Incinérée

le :   à :

ENFANTS

1   6
2   7
3   8
4   9
5   10

FRERES ET SOEURS

1   6
2   7
3   8
4   9
5   10

NOTES

SOSA 38

6ème Génération
Ascendant Paternel
Parents page 130 et 131

Nom :

Prénom(s) :

Né le :   à :

Fils de :

Et de :

Baptisé le :   à :

Profession :

Décès

le :   à :

Sépulture :   ☐ Inhumé   ☐ Incinéré

le :   à :

SITUATION MATRIMONIALE

☐ Mariage civil   ☐ Mariage religieux   ☐ Pacs   ☐ Union libre

le :   à :

Témoins :

☐ Séparation   ☐ Divorce

le :   à :

FRERES ET SOEURS

1	6
2	7
3	8
4	9
5	10

NOTES

SOSA 39

6ème Génération
Ascendant Paternel
Parents page 132 et 133

Nom :

Prénom(s) :

Née le :   à :

Fille de :

Et de :

Baptisée le :   à :

Profession :

Décès

le :   à :

Sépulture :   ☐ Inhumée   ☐ Incinérée

le :   à :

ENFANTS

1   6
2   7
3   8
4   9
5   10

FRERES ET SOEURS

1   6
2   7
3   8
4   9
5   10

NOTES

SOSA 40

6ème Génération
Ascendant Paternel
Parents page 134 et 135

Nom :

Prénom(s) :

Né le :   à :

Fils de :

Et de :

Baptisé le :   à :

Profession :

Décès

le :   à :

Sépulture :   ☐ Inhumé   ☐ Incinéré

le :   à :

SITUATION MATRIMONIALE

☐ Mariage civil   ☐ Mariage religieux   ☐ Pacs   ☐ Union libre

le :   à :

Témoins :

☐ Séparation   ☐ Divorce

le :   à :

FRERES ET SOEURS

1	6
2	7
3	8
4	9
5	10

NOTES

SOSA 41

6ème Génération
Ascendant Paternel
Parents page 136 et 137

Nom :

Prénom(s) :

Née le :   à :

Fille de :

Et de :

Baptisée le :   à :

Profession :

Décès

le :   à :

Sépulture :   ☐ Inhumée   ☐ Incinérée

le :   à :

ENFANTS

1	6
2	7
3	8
4	9
5	10

FRERES ET SOEURS

1	6
2	7
3	8
4	9
5	10

NOTES

SOSA 42

6ème Génération
Ascendant Paternel
Parents page 138 et 139

Nom :

Prénom(s) :

Né le :   à :

Fils de :

Et de :

Baptisé le :   à :

Profession :

Décès

le :   à :

Sépulture :   ☐ Inhumé   ☐ Incinéré

le :   à :

SITUATION MATRIMONIALE

☐ Mariage civil   ☐ Mariage religieux   ☐ Pacs   ☐ Union libre

le :   à :

Témoins :

☐ Séparation   ☐ Divorce

le :   à :

FRERES ET SOEURS

1	6
2	7
3	8
4	9
5	10

NOTES

SOSA 43

6ème Génération
Ascendant Paternel
Parents page 140 et 141

Nom :

Prénom(s) :

Née le :   à :

Fille de :

Et de :

Baptisée le :   à :

Profession :

Décès

le :   à :

Sépulture :   ☐ Inhumée   ☐ Incinérée

le :   à :

ENFANTS

1	6
2	7
3	8
4	9
5	10

FRERES ET SOEURS

1	6
2	7
3	8
4	9
5	10

NOTES

SOSA 44

6ème Génération
Ascendant Paternel
Parents page 142 et 143

Nom :

Prénom(s) :

Né le :   à :

Fils de :

Et de :

Baptisé le :   à :

Profession :

Décès

le :   à :

Sépulture :   ☐ Inhumé   ☐ Incinéré

le :   à :

SITUATION MATRIMONIALE

☐ Mariage civil   ☐ Mariage religieux   ☐ Pacs   ☐ Union libre

le :   à :

Témoins :

☐ Séparation   ☐ Divorce

le :   à :

FRERES ET SOEURS

1	6
2	7
3	8
4	9
5	10

NOTES

SOSA 45

6ème Génération
Ascendant Paternel
Parents page 144 et 145

Nom :

Prénom(s) :

Née le :   à :

Fille de :

Et de :

Baptisée le :   à :

Profession :

Décès

le :   à :

Sépulture :   ☐ Inhumée   ☐ Incinérée

le :   à :

ENFANTS

1	6
2	7
3	8
4	9
5	10

FRERES ET SOEURS

1	6
2	7
3	8
4	9
5	10

NOTES

SOSA 46

6ème Génération
Ascendant Paternel
Parents page 146 et 147

Nom :

Prénom(s) :

Né le :   à :

Fils de :

Et de :

Baptisé le :   à :

Profession :

Décès

le :   à :

Sépulture :   ☐ Inhumé   ☐ Incinéré

le :   à :

SITUATION MATRIMONIALE

☐ Mariage civil   ☐ Mariage religieux   ☐ Pacs   ☐ Union libre

le :   à :

Témoins :

☐ Séparation   ☐ Divorce

le :   à :

FRERES ET SOEURS

1	6
2	7
3	8
4	9
5	10

NOTES

SOSA 47

6ème Génération
Ascendant Paternel
Parents page 148 et 149

Nom :

Prénom(s) :

Née le :   à :

Fille de :

Et de :

Baptisée le :   à :

Profession :

Décès

le :   à :

Sépulture :   ☐ Inhumée   ☐ Incinérée

le :   à :

ENFANTS

1   6
2   7
3   8
4   9
5   10

FRERES ET SOEURS

1   6
2   7
3   8
4   9
5   10

NOTES

SOSA 48

6ème Génération
Ascendant Maternel
Parents page 150 et 151

Nom :

Prénom(s) :

Né le :   à :

Fils de :

Et de :

Baptisé le :   à :

Profession :

Décès

le :   à :

Sépulture :   ☐ Inhumé   ☐ Incinéré

le :   à :

SITUATION MATRIMONIALE

☐ Mariage civil   ☐ Mariage religieux   ☐ Pacs   ☐ Union libre

le :   à :

Témoins :

☐ Séparation   ☐ Divorce

le :   à :

FRERES ET SOEURS

1   6

2   7

3   8

4   9

5   10

NOTES

SOSA 49

6ème Génération
Ascendant Maternel
Parents page 152 et 153

Nom :

Prénom(s) :

Née le :   à :

Fille de :

Et de :

Baptisée le :   à :

Profession :

Décès

le :   à :

Sépulture :   ☐ Inhumée   ☐ Incinérée

le :   à :

ENFANTS

1	6
2	7
3	8
4	9
5	10

FRERES ET SOEURS

1	6
2	7
3	8
4	9
5	10

NOTES

SOSA 50

6ème Génération
Ascendant Maternel
Parents page 154 et 155

Nom :

Prénom(s) :

Né le :   à :

Fils de :

Et de :

Baptisé le :   à :

Profession :

Décès

le :   à :

Sépulture :   ☐ Inhumé   ☐ Incinéré

le :   à :

SITUATION MATRIMONIALE

☐ Mariage civil   ☐ Mariage religieux   ☐ Pacs   ☐ Union libre

le :   à :

Témoins :

☐ Séparation   ☐ Divorce

le :   à :

FRERES ET SOEURS

1   6
2   7
3   8
4   9
5   10

NOTES

SOSA 51

6ème Génération
Ascendant Maternel
Parents page 156 et 157

Nom :

Prénom(s) :

Née le :   à :

Fille de :

Et de :

Baptisée le :   à :

Profession :

Décès

le :   à :

Sépulture :   ☐ Inhumée   ☐ Incinérée

le :   à :

ENFANTS

1	6
2	7
3	8
4	9
5	10

FRERES ET SOEURS

1	6
2	7
3	8
4	9
5	10

NOTES

SOSA 52

6ème Génération
Ascendant Maternel
Parents page 158 et 159

Nom :

Prénom(s) :

Né le :   à :

Fils de :

Et de :

Baptisé le :   à :

Profession :

Décès

le :   à :

Sépulture :   ☐ Inhumé   ☐ Incinéré

le :   à :

SITUATION MATRIMONIALE

☐ Mariage civil   ☐ Mariage religieux   ☐ Pacs   ☐ Union libre

le :   à :

Témoins :

☐ Séparation   ☐ Divorce

le :   à :

FRERES ET SOEURS

1   6
2   7
3   8
4   9
5   10

NOTES

SOSA 53

6ème Génération
Ascendant Maternel
Parents page 160 et 161

Nom :

Prénom(s) :

Née le :   à :

Fille de :

Et de :

Baptisée le :   à :

Profession :

Décès

le :   à :

Sépulture :   ☐ Inhumée   ☐ Incinérée

le :   à :

ENFANTS

1	6
2	7
3	8
4	9
5	10

FRERES ET SOEURS

1	6
2	7
3	8
4	9
5	10

NOTES

SOSA 54

6ème Génération
Ascendant Maternel
Parents page 162 et 163

Nom :

Prénom(s) :

Né le :   à :

Fils de :

Et de :

Baptisé le :   à :

Profession :

Décès

le :   à :

Sépulture :   ☐ Inhumé   ☐ Incinéré

le :   à :

SITUATION MATRIMONIALE

☐ Mariage civil   ☐ Mariage religieux   ☐ Pacs   ☐ Union libre

le :   à :

Témoins :

☐ Séparation   ☐ Divorce

le :   à :

FRERES ET SOEURS

1   6

2   7

3   8

4   9

5   10

NOTES

SOSA 55

6ème Génération
Ascendant Maternel
Parents page 164 et 165

Nom :

Prénom(s) :

Née le :   à :

Fille de :

Et de :

Baptisée le :   à :

Profession :

Décès

le :   à :

Sépulture :   ☐ Inhumée   ☐ Incinérée

le :   à :

ENFANTS

1	6
2	7
3	8
4	9
5	10

FRERES ET SOEURS

1	6
2	7
3	8
4	9
5	10

NOTES

SOSA 56

6ème Génération
Ascendant Maternel
Parents page 166 et 167

Nom :

Prénom(s) :

Né le :   à :

Fils de :

Et de :

Baptisé le :   à :

Profession :

Décès

le :   à :

Sépulture :   ☐ Inhumé   ☐ Incinéré

le :   à :

SITUATION MATRIMONIALE

☐ Mariage civil   ☐ Mariage religieux   ☐ Pacs   ☐ Union libre

le :   à :

Témoins :

☐ Séparation   ☐ Divorce

le :   à :

FRERES ET SOEURS

1	6
2	7
3	8
4	9
5	10

NOTES

SOSA 57

6ème Génération
Ascendant Maternel
Parents page 168 et 169

Nom :

Prénom(s) :

Née le : à :

Fille de :

Et de :

Baptisée le : à :

Profession :

Décès

le : à :

Sépulture : ☐ Inhumée ☐ Incinérée

le : à :

ENFANTS

1	6
2	7
3	8
4	9
5	10

FRERES ET SOEURS

1	6
2	7
3	8
4	9
5	10

NOTES

SOSA 58

6ème Génération
Ascendant Maternel
Parents page 170 et 171

Nom : _____

Prénom(s) : _____

Né le : _____ à : _____

Fils de : _____

Et de : _____

Baptisé le : _____ à : _____

Profession : _____

Décès

le : _____ à : _____

Sépulture : ☐ Inhumé   ☐ Incinéré

le : _____ à : _____

SITUATION MATRIMONIALE

☐ Mariage civil   ☐ Mariage religieux   ☐ Pacs   ☐ Union libre

le : _____ à : _____

Témoins : _____

☐ Séparation   ☐ Divorce

le : _____ à : _____

FRERES ET SOEURS

1	6
2	7
3	8
4	9
5	10

NOTES

SOSA 59

6ème Génération
Ascendant Maternel
Parents page 172 et 173

Nom :

Prénom(s) :

Née le :   à :

Fille de :

Et de :

Baptisée le :   à :

Profession :

Décès

le :   à :

Sépulture :   ☐ Inhumée   ☐ Incinérée

le :   à :

ENFANTS

1	6
2	7
3	8
4	9
5	10

FRERES ET SOEURS

1	6
2	7
3	8
4	9
5	10

NOTES

SOSA 60

6ème Génération
Ascendant Maternel
Parents page 174 et 175

Nom :

Prénom(s) :

Né le :   à :

Fils de :

Et de :

Baptisé le :   à :

Profession :

Décès

le :   à :

Sépulture :   ☐ Inhumé   ☐ Incinéré

le :   à :

SITUATION MATRIMONIALE

☐ Mariage civil   ☐ Mariage religieux   ☐ Pacs   ☐ Union libre

le :   à :

Témoins :

☐ Séparation   ☐ Divorce

le :   à :

FRERES ET SOEURS

1	6
2	7
3	8
4	9
5	10

NOTES

SOSA 61

6ème Génération
Ascendant Maternel
Parents page 176 et 177

Nom :

Prénom(s) :

Née le : à :

Fille de :

Et de :

Baptisée le : à :

Profession :

Décès

le : à :

Sépulture : ☐ Inhumée ☐ Incinérée

le : à :

ENFANTS

1	6
2	7
3	8
4	9
5	10

FRERES ET SOEURS

1	6
2	7
3	8
4	9
5	10

NOTES

SOSA 62

6ème Génération
Ascendant Maternel
Parents page 178 et 179

Nom :

Prénom(s) :

Né le :   à :

Fils de :

Et de :

Baptisé le :   à :

Profession :

Décès

le :   à :

Sépulture :   ☐ Inhumé   ☐ Incinéré

le :   à :

SITUATION MATRIMONIALE

☐ Mariage civil   ☐ Mariage religieux   ☐ Pacs   ☐ Union libre

le :   à :

Témoins :

☐ Séparation   ☐ Divorce

le :   à :

FRERES ET SOEURS

1   6
2   7
3   8
4   9
5   10

NOTES

SOSA 63

6ème Génération
Ascendant Maternel
Parents page 180 et 181

Nom :

Prénom(s) :

Née le : à :

Fille de :

Et de :

Baptisée le : à :

Profession :

Décès

le : à :

Sépulture : ☐ Inhumée ☐ Incinérée

le : à :

ENFANTS

1	6
2	7
3	8
4	9
5	10

FRERES ET SOEURS

1	6
2	7
3	8
4	9
5	10

NOTES

ARBRE GÉNÉALOGIQUE GÉNÉRATIONS 7 À 10
SOSA 64 À 1023

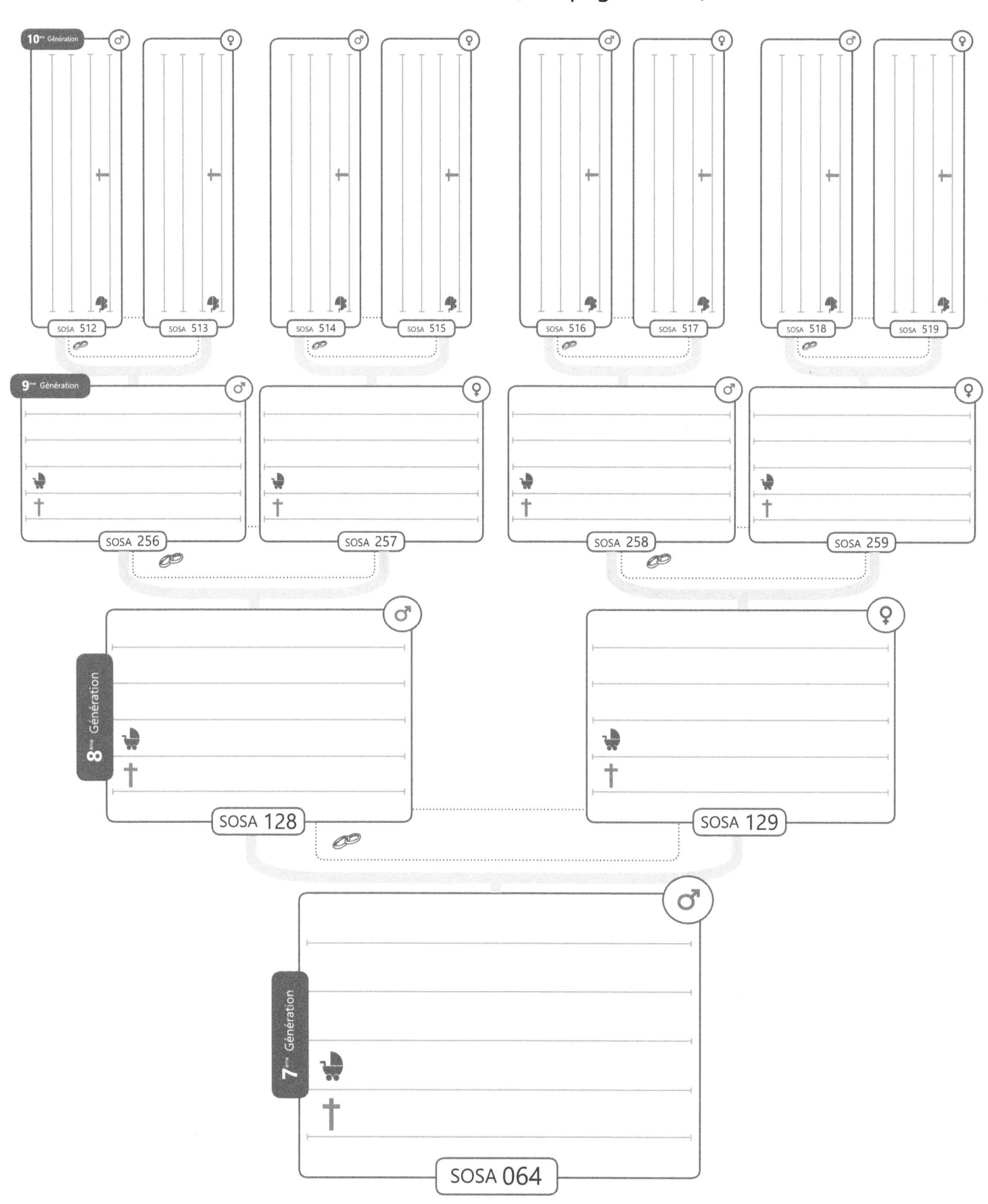

ASCENDANCE PATERNELLE du SOSA **032** (voir page n° 084)

10ème Génération

♂ SOSA 512 — ♀ SOSA 513
♂ SOSA 514 — ♀ SOSA 515
♂ SOSA 516 — ♀ SOSA 517
♂ SOSA 518 — ♀ SOSA 519

9ème Génération

♂ SOSA 256 — ♀ SOSA 257
♂ SOSA 258 — ♀ SOSA 259

8ème Génération

♂ SOSA 128 — ♀ SOSA 129

7ème Génération

♂ SOSA 064

Naissance † Décès ⚭ Union

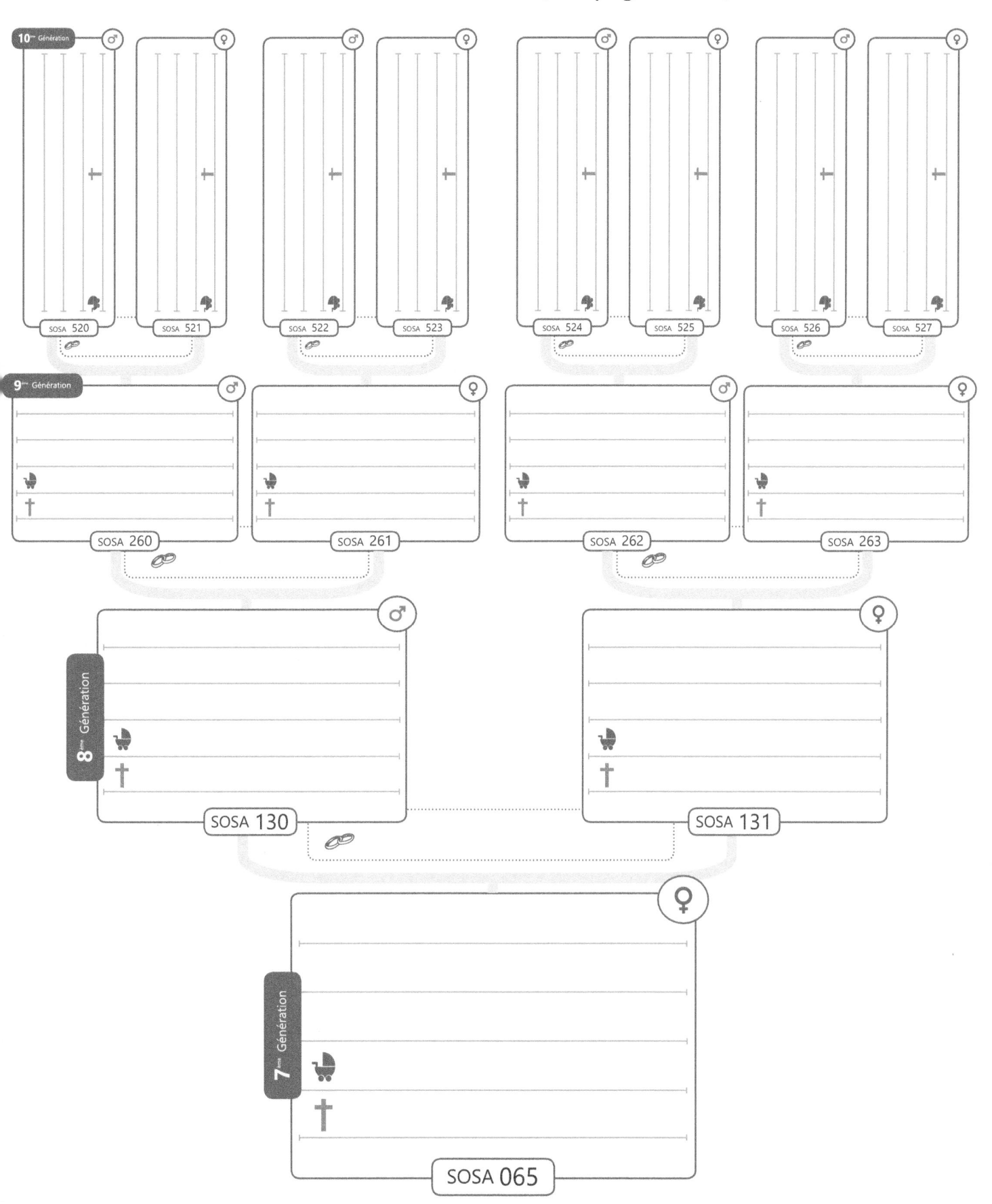

ASCENDANCE MATERNELLE du SOSA 032 (voir page n° 084)

10ème Génération

- ♂ SOSA 520
- ♀ SOSA 521
- ♂ SOSA 522
- ♀ SOSA 523
- ♂ SOSA 524
- ♀ SOSA 525
- ♂ SOSA 526
- ♀ SOSA 527

9ème Génération

- ♂ SOSA 260
- ♀ SOSA 261
- ♂ SOSA 262
- ♀ SOSA 263

8ème Génération

- ♂ SOSA 130
- ♀ SOSA 131

7ème Génération

- ♀ SOSA 065

🚼 Naissance † Décès ⚭ Union

ASCENDANCE PATERNELLE du SOSA 033 (voir page n° 085)

10ème Génération

- SOSA 528 ♂
- SOSA 529 ♀
- SOSA 530 ♂
- SOSA 531 ♀
- SOSA 532 ♂
- SOSA 533 ♀
- SOSA 534 ♂
- SOSA 535 ♀

9ème Génération

- SOSA 264 ♂
- SOSA 265 ♀
- SOSA 266 ♂
- SOSA 267 ♀

8ème Génération

- SOSA 132 ♂
- SOSA 133 ♀

7ème Génération

- SOSA 066 ♂

Naissance † Décès ⚭ Union

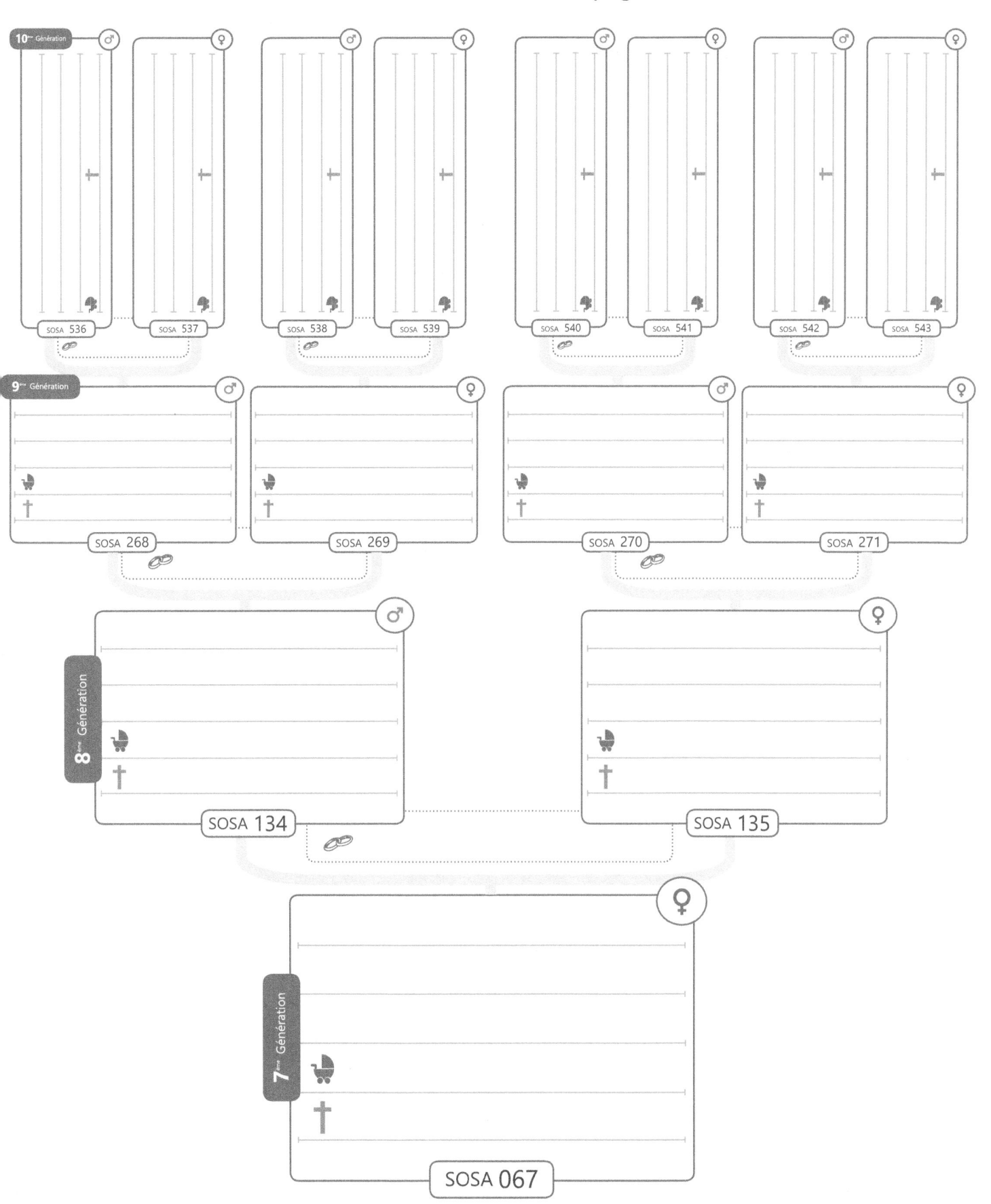

ASCENDANCE MATERNELLE du SOSA 033 (voir page n° 085)

10ème Génération

- SOSA 536 ♂
- SOSA 537 ♀
- SOSA 538 ♂
- SOSA 539 ♀
- SOSA 540 ♂
- SOSA 541 ♀
- SOSA 542 ♂
- SOSA 543 ♀

9ème Génération

- SOSA 268 ♂
- SOSA 269 ♀
- SOSA 270 ♂
- SOSA 271 ♀

8ème Génération

- SOSA 134 ♂
- SOSA 135 ♀

7ème Génération

- SOSA 067 ♀

♥ Naissance † Décès ⚭ Union

121

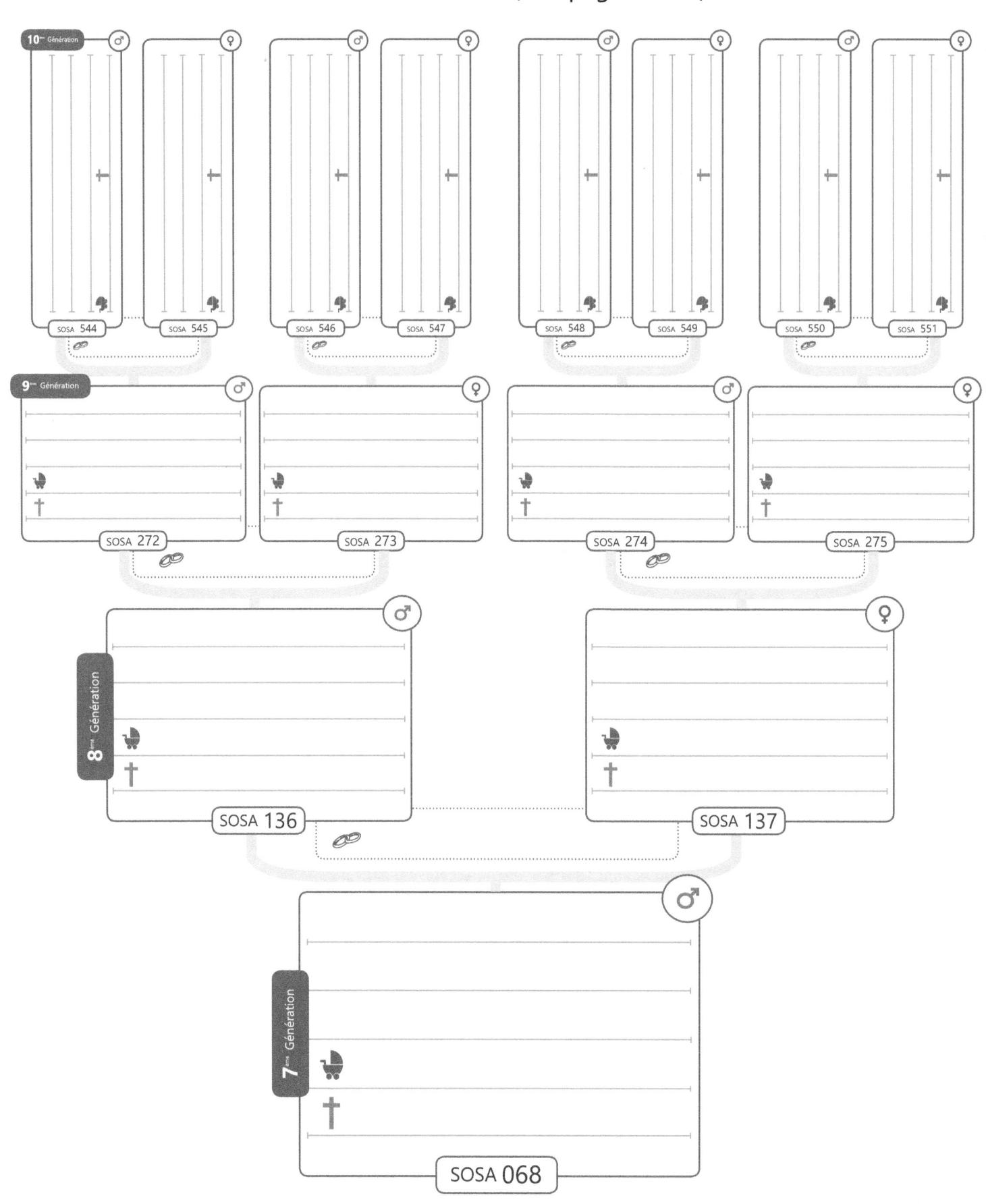

ASCENDANCE PATERNELLE du SOSA **034** (voir page n° 086)

10ème Génération

- ♂ SOSA 544
- ♀ SOSA 545
- ♂ SOSA 546
- ♀ SOSA 547
- ♂ SOSA 548
- ♀ SOSA 549
- ♂ SOSA 550
- ♀ SOSA 551

9ème Génération

- ♂ SOSA 272
- ♀ SOSA 273
- ♂ SOSA 274
- ♀ SOSA 275

8ème Génération

- ♂ SOSA 136
- ♀ SOSA 137

7ème Génération

- ♂ SOSA 068

Naissance † Décès ⚭ Union

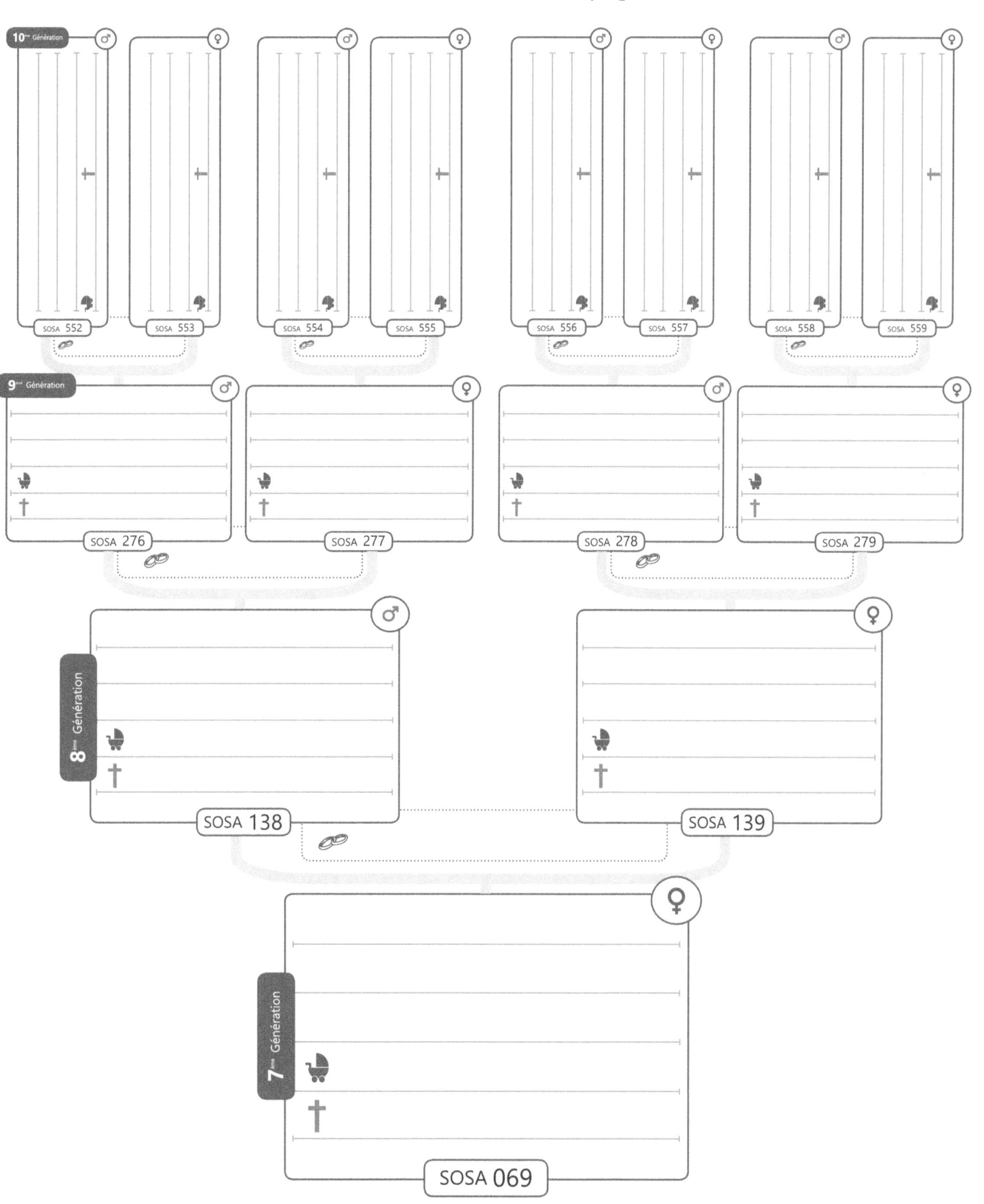

ASCENDANCE MATERNELLE du SOSA **034** (voir page n° 086)

10ème Génération

- ♂ SOSA 552
- ♀ SOSA 553
- ♂ SOSA 554
- ♀ SOSA 555
- ♂ SOSA 556
- ♀ SOSA 557
- ♂ SOSA 558
- ♀ SOSA 559

9ème Génération

- ♂ SOSA 276
- ♀ SOSA 277
- ♂ SOSA 278
- ♀ SOSA 279

8ème Génération

- ♂ SOSA 138
- ♀ SOSA 139

7ème Génération

- ♀ SOSA 069

🍼 Naissance † Décès 💍 Union

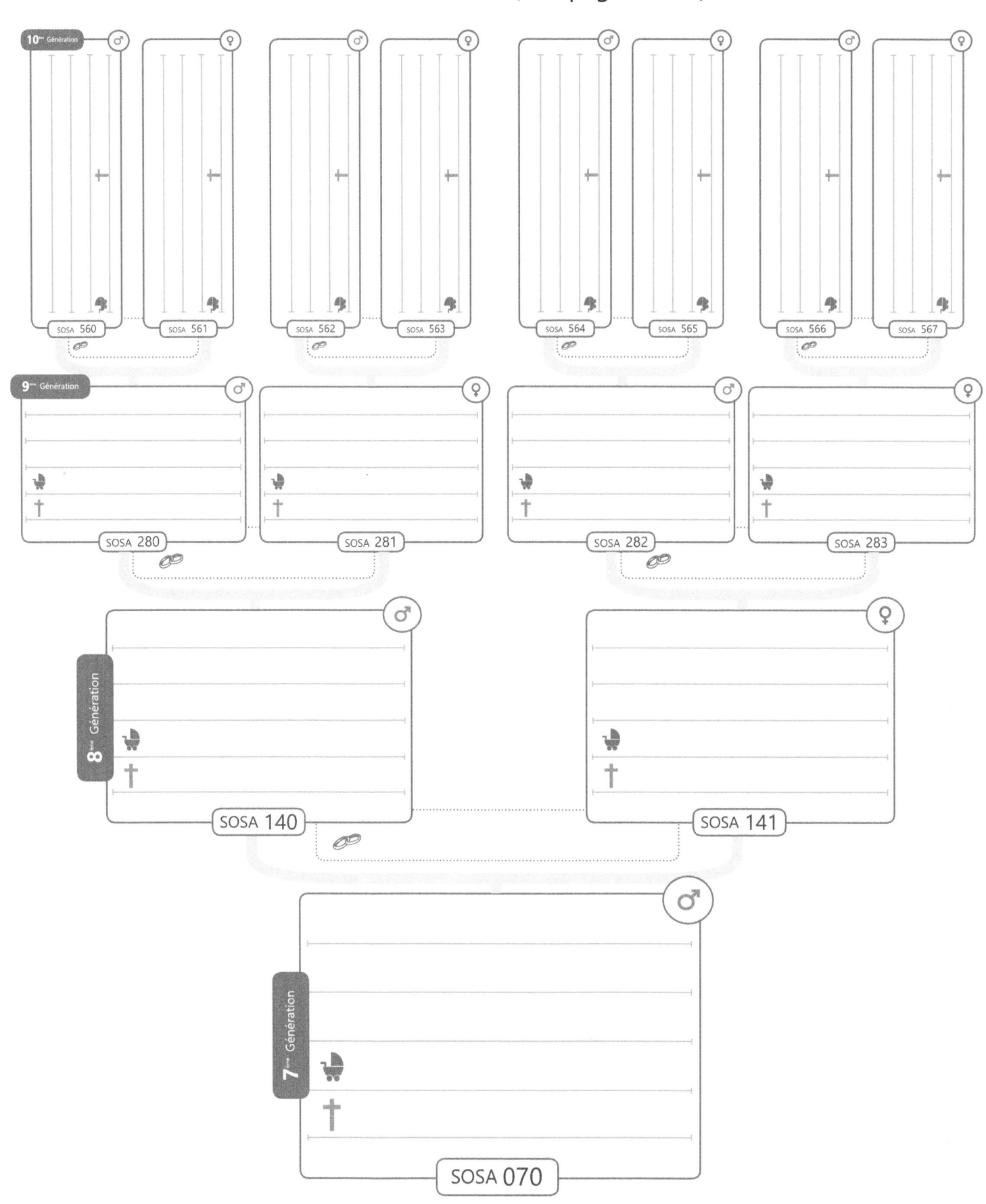

ASCENDANCE PATERNELLE du SOSA 035 (voir page n° 087)

10ème Génération

SOSA 560 | SOSA 561 | SOSA 562 | SOSA 563 | SOSA 564 | SOSA 565 | SOSA 566 | SOSA 567

9ème Génération

SOSA 280 | SOSA 281 | SOSA 282 | SOSA 283

8ème Génération

SOSA 140 | SOSA 141

7ème Génération

SOSA 070

Naissance † Décès ⚭ Union

124

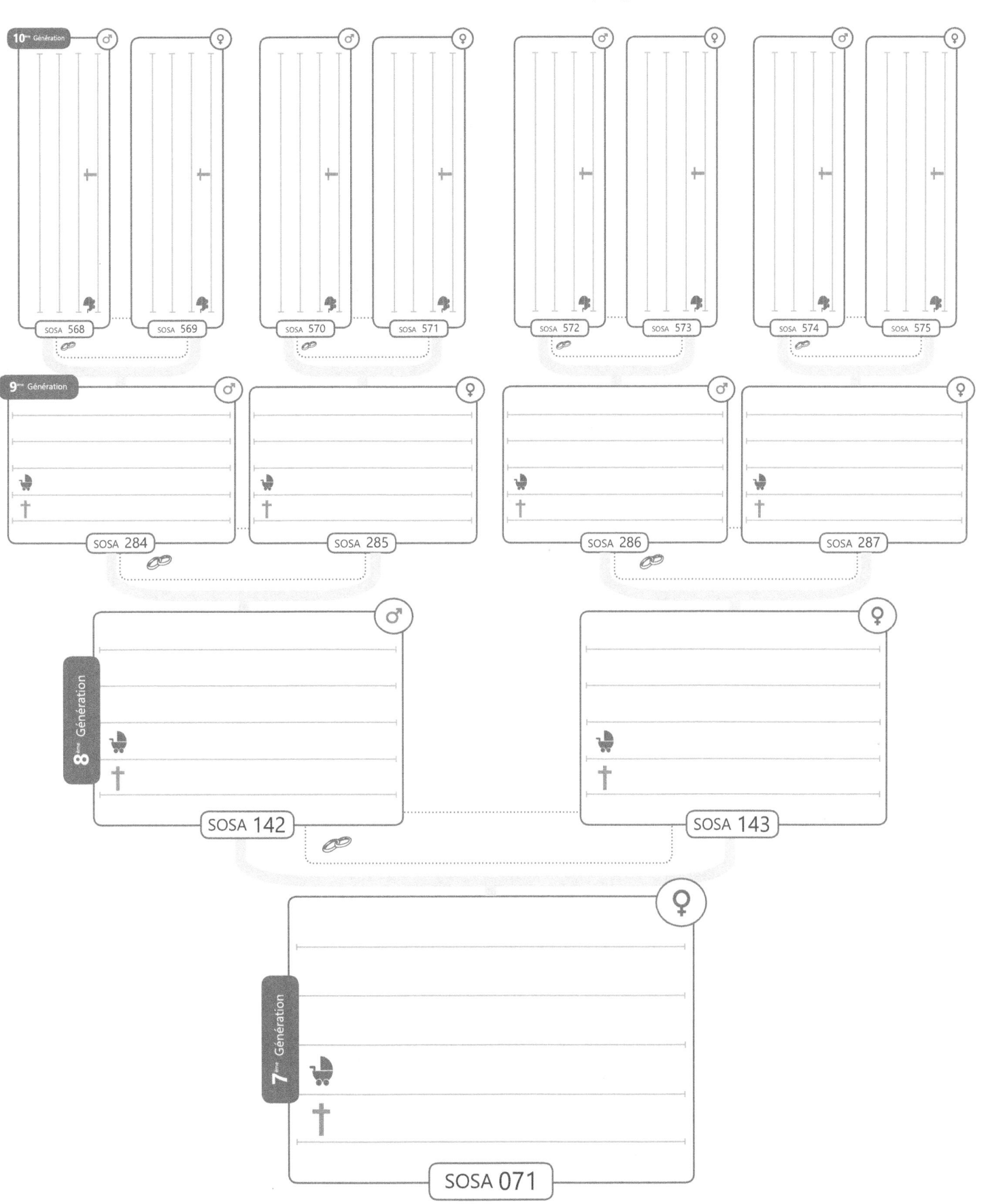

ASCENDANCE MATERNELLE du SOSA 035 (voir page n° 087)

10ème Génération

- ♂ SOSA 568
- ♀ SOSA 569
- ♂ SOSA 570
- ♀ SOSA 571
- ♂ SOSA 572
- ♀ SOSA 573
- ♂ SOSA 574
- ♀ SOSA 575

9ème Génération

- ♂ SOSA 284
- ♀ SOSA 285
- ♂ SOSA 286
- ♀ SOSA 287

8ème Génération

- ♂ SOSA 142
- ♀ SOSA 143

7ème Génération

- ♀ SOSA 071

Naissance †Décès Union

125

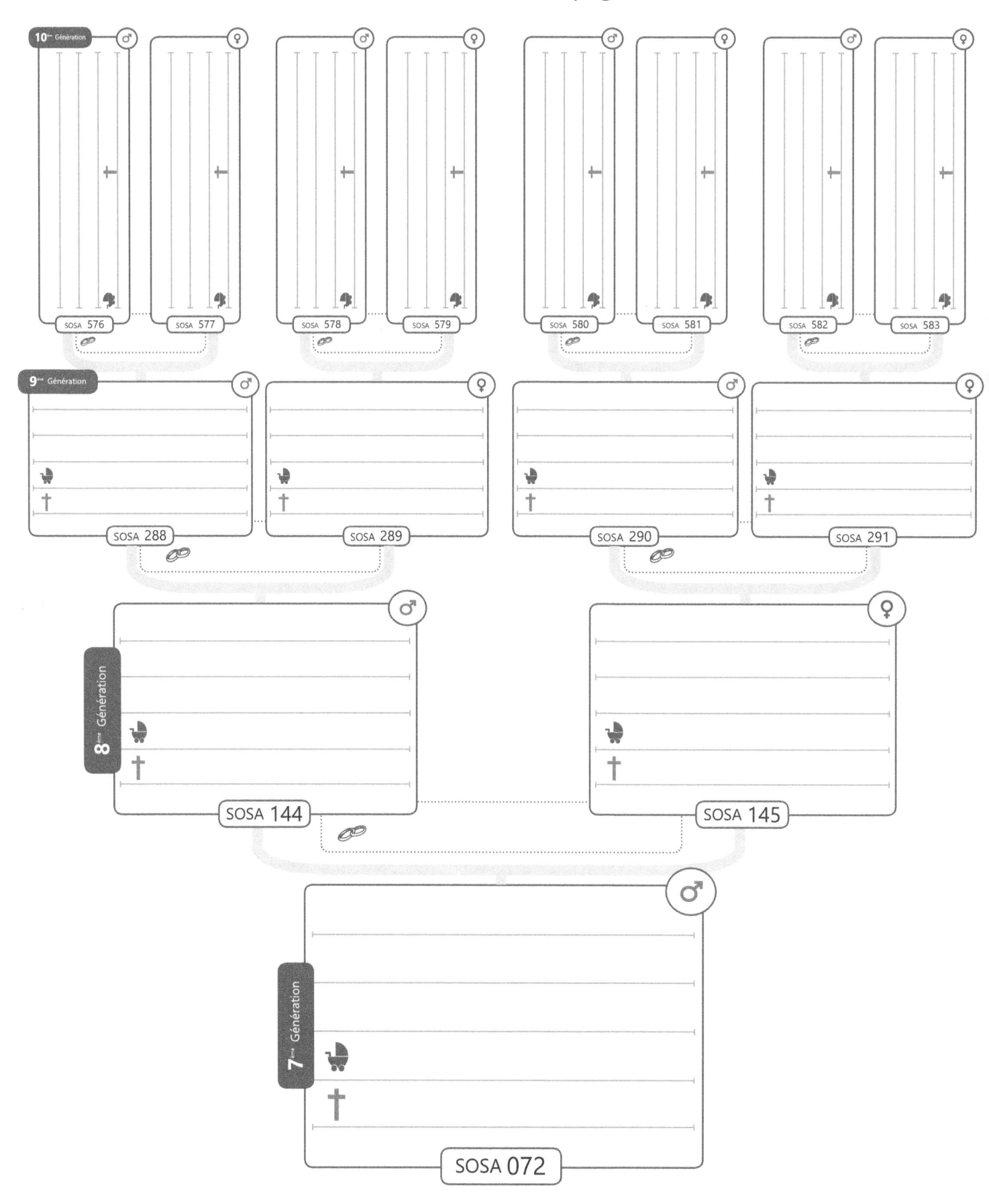

ASCENDANCE PATERNELLE du SOSA 036 (voir page n° 088)

10ème Génération
- SOSA 576 ♂
- SOSA 577 ♀
- SOSA 578 ♂
- SOSA 579 ♀
- SOSA 580 ♂
- SOSA 581 ♀
- SOSA 582 ♂
- SOSA 583 ♀

9ème Génération
- SOSA 288 ♂
- SOSA 289 ♀
- SOSA 290 ♂
- SOSA 291 ♀

8ème Génération
- SOSA 144 ♂
- SOSA 145 ♀

7ème Génération
- SOSA 072 ♂

Naissance †Décès ⚭Union

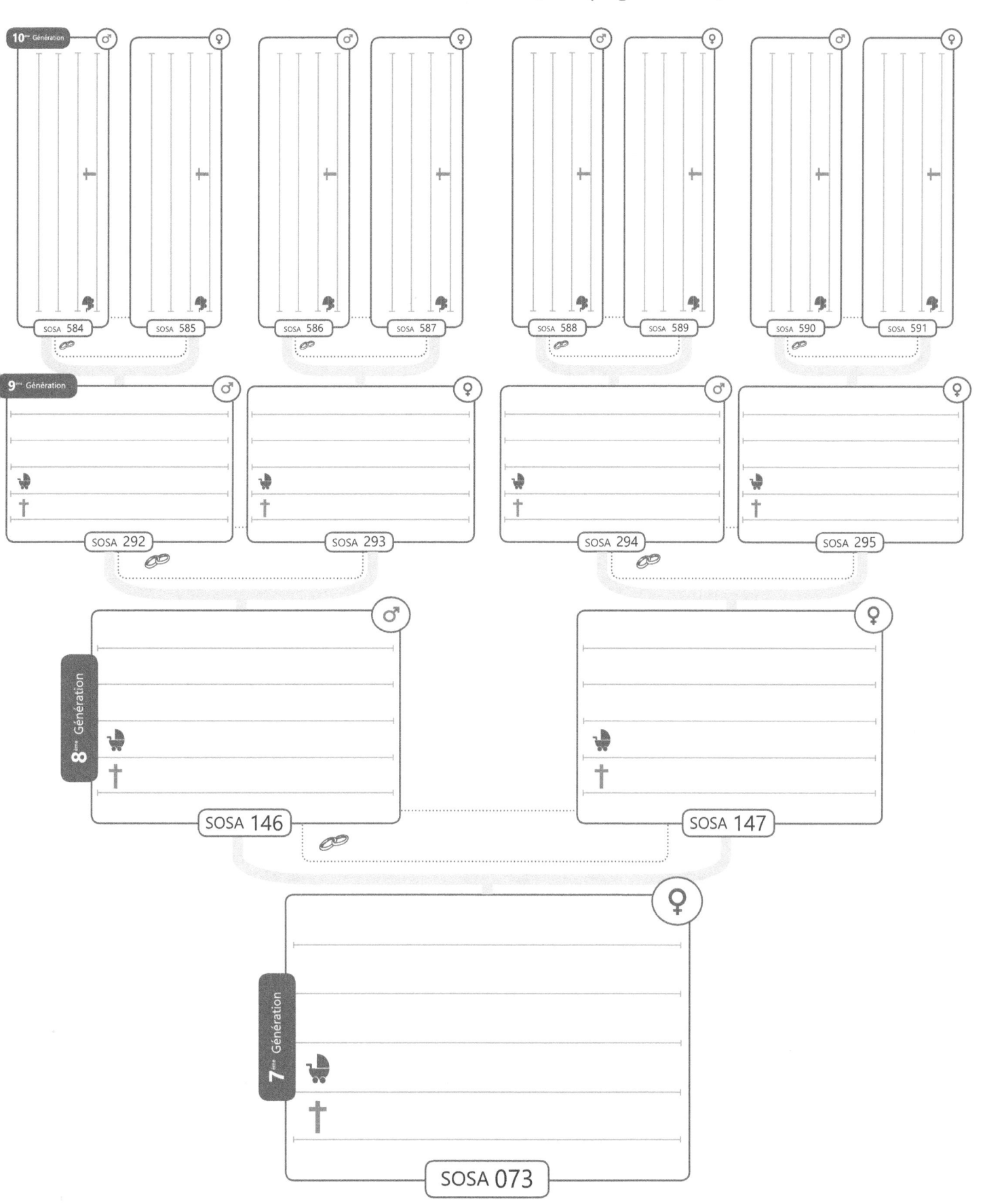

ASCENDANCE MATERNELLE du SOSA **036** (voir page n° 088)

10ème Génération

♂ SOSA 584 — ♀ SOSA 585
♂ SOSA 586 — ♀ SOSA 587
♂ SOSA 588 — ♀ SOSA 589
♂ SOSA 590 — ♀ SOSA 591

9ème Génération

♂ SOSA 292 — ♀ SOSA 293
♂ SOSA 294 — ♀ SOSA 295

8ème Génération

♂ SOSA 146 — ♀ SOSA 147

7ème Génération

♀ SOSA 073

Naissance † Décès ⚭ Union

127

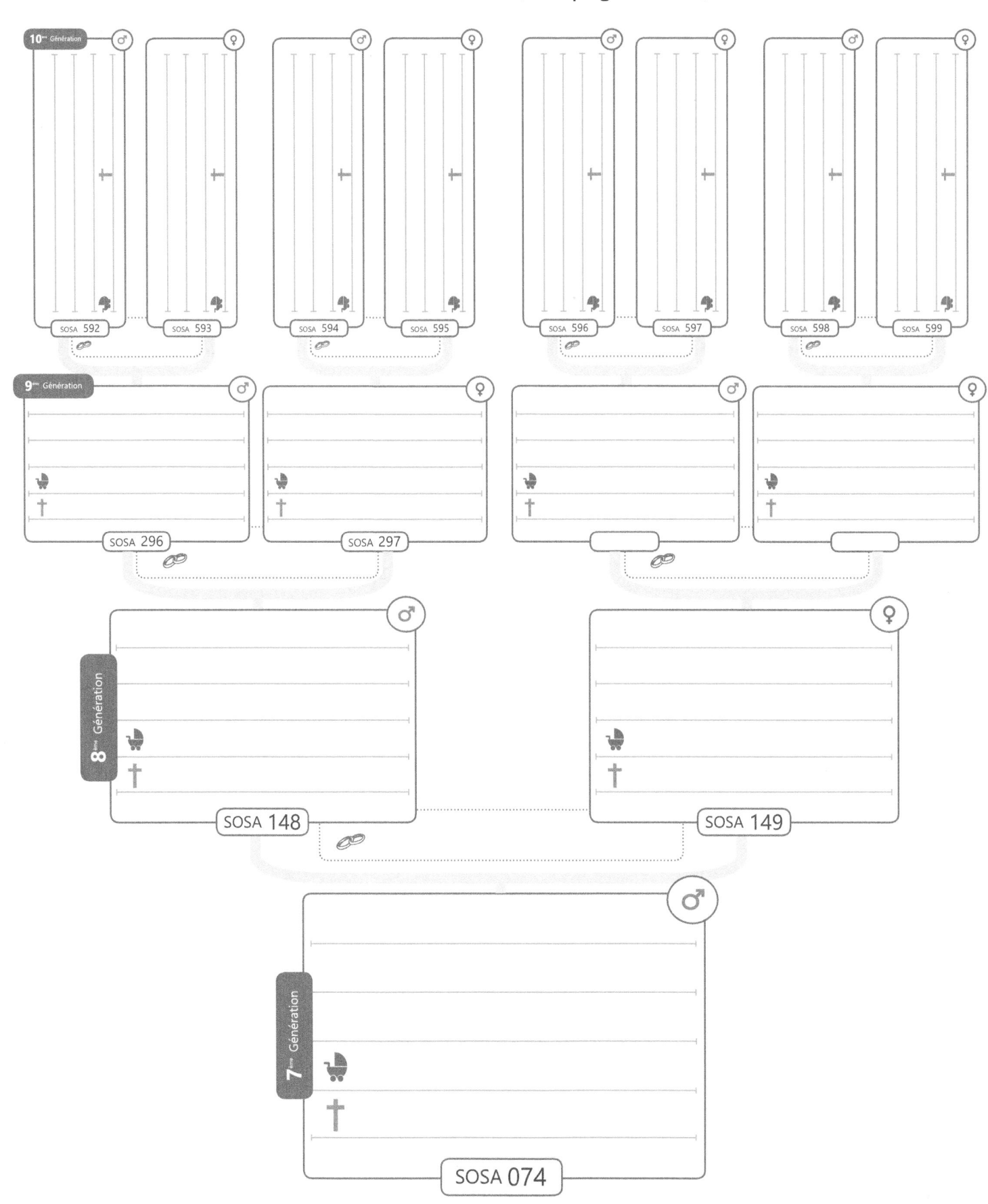

ASCENDANCE PATERNELLE du SOSA 037 (voir page n° 089)

10ème Génération

- SOSA 592 ♂
- SOSA 593 ♀
- SOSA 594 ♂
- SOSA 595 ♀
- SOSA 596 ♂
- SOSA 597 ♀
- SOSA 598 ♂
- SOSA 599 ♀

9ème Génération

- SOSA 296 ♂
- SOSA 297 ♀
- ♂
- ♀

8ème Génération

- SOSA 148 ♂
- SOSA 149 ♀

7ème Génération

- SOSA 074 ♂

Naissance † Décès ⚭ Union

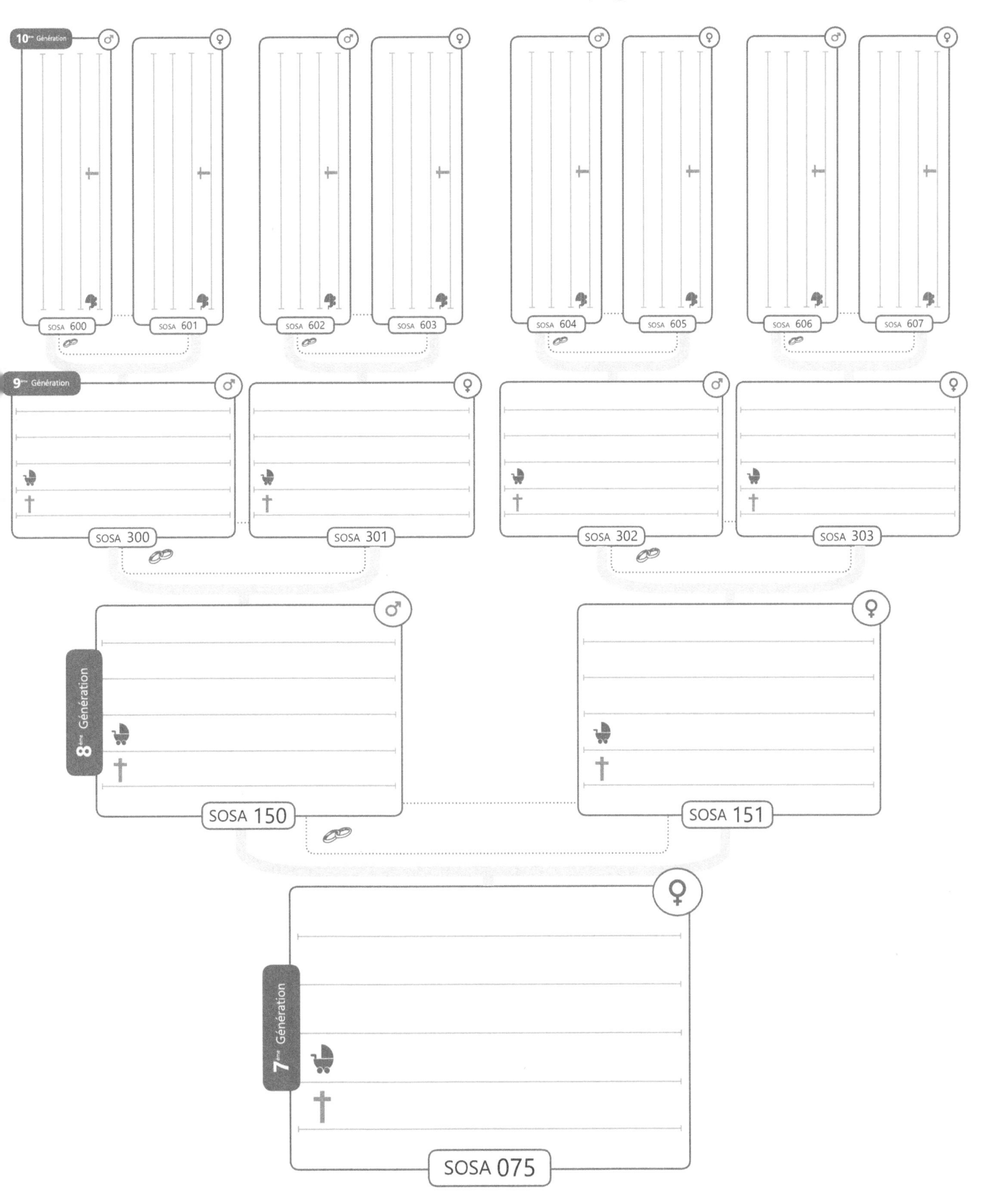

ASCENDANCE MATERNELLE du SOSA **037** (voir page n° 089)

10ème Génération

- ♂ SOSA 600
- ♀ SOSA 601
- ♂ SOSA 602
- ♀ SOSA 603
- ♂ SOSA 604
- ♀ SOSA 605
- ♂ SOSA 606
- ♀ SOSA 607

9ème Génération

- ♂ SOSA 300
- ♀ SOSA 301
- ♂ SOSA 302
- ♀ SOSA 303

8ème Génération

- ♂ SOSA 150
- ♀ SOSA 151

7ème Génération

- ♀ SOSA 075

Naissance †Décès Union

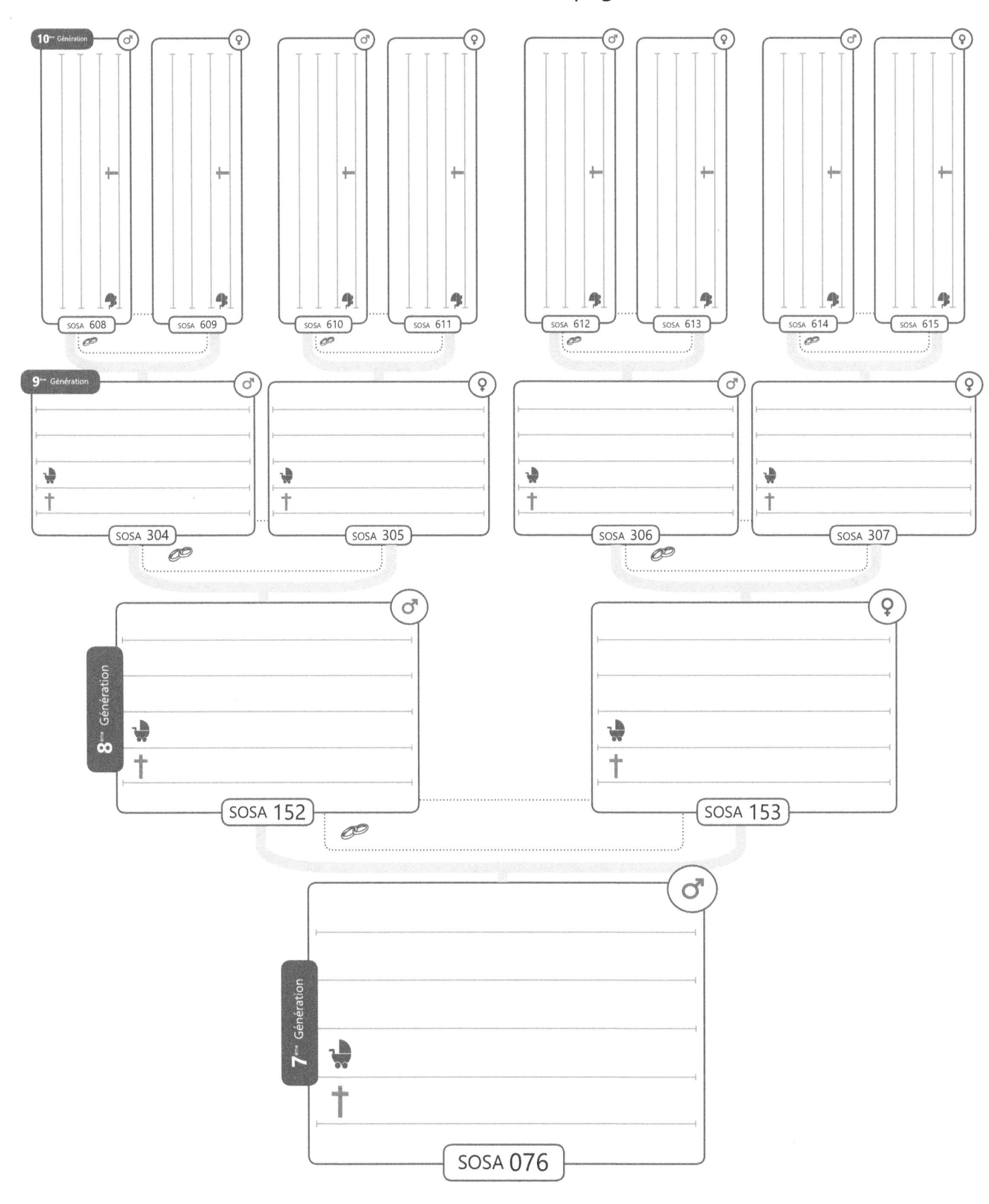

ASCENDANCE PATERNELLE du SOSA **038** (voir page n° 090)

10ème Génération

- ♂ SOSA 608
- ♀ SOSA 609
- ♂ SOSA 610
- ♀ SOSA 611
- ♂ SOSA 612
- ♀ SOSA 613
- ♂ SOSA 614
- ♀ SOSA 615

9ème Génération

- ♂ SOSA 304
- ♀ SOSA 305
- ♂ SOSA 306
- ♀ SOSA 307

8ème Génération

- ♂ SOSA 152
- ♀ SOSA 153

7ème Génération

- ♂ SOSA 076

Naissance † Décès ⚭ Union

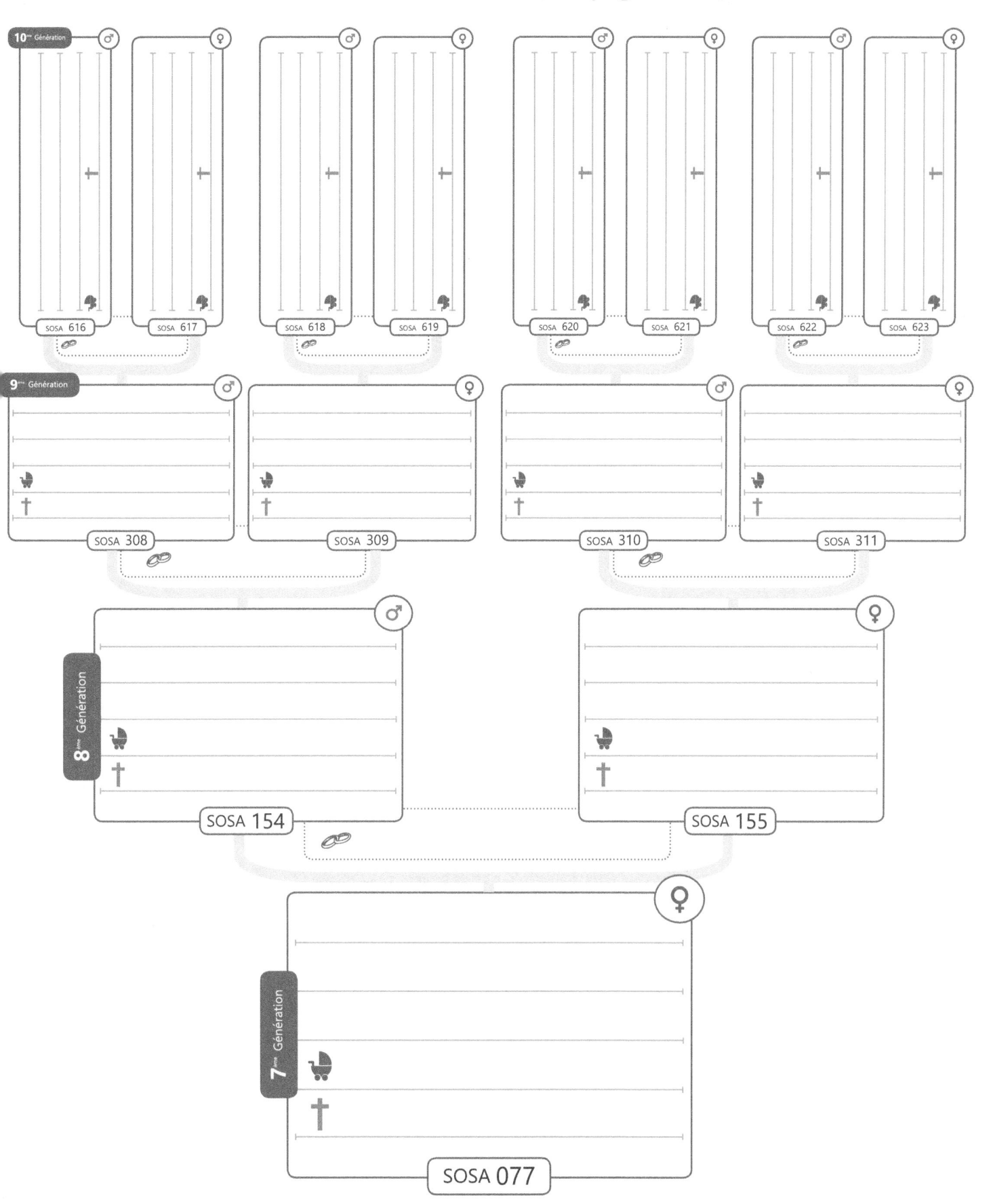

ASCENDANCE MATERNELLE du SOSA **038** (voir page n° 090)

10ème Génération

- ♂ SOSA 616
- ♀ SOSA 617
- ♂ SOSA 618
- ♀ SOSA 619
- ♂ SOSA 620
- ♀ SOSA 621
- ♂ SOSA 622
- ♀ SOSA 623

9ème Génération

- ♂ SOSA 308
- ♀ SOSA 309
- ♂ SOSA 310
- ♀ SOSA 311

8ème Génération

- ♂ SOSA 154
- ♀ SOSA 155

7ème Génération

- ♀ SOSA 077

🍼 Naissance † Décès 💍 Union

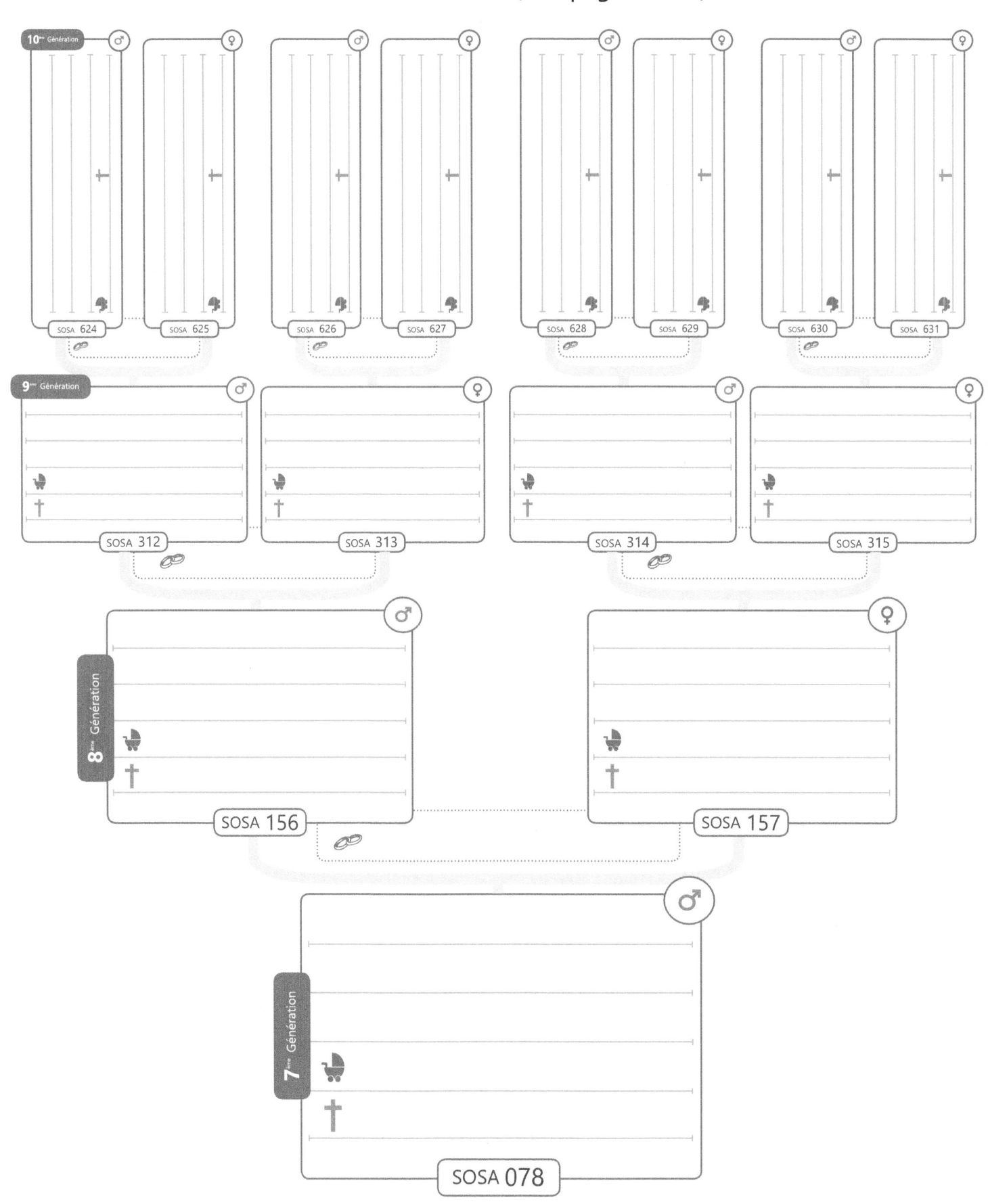

ASCENDANCE PATERNELLE du SOSA 039 (voir page n° 091)

10ème Génération

- SOSA 624
- SOSA 625
- SOSA 626
- SOSA 627
- SOSA 628
- SOSA 629
- SOSA 630
- SOSA 631

9ème Génération

- SOSA 312
- SOSA 313
- SOSA 314
- SOSA 315

8ème Génération

- SOSA 156
- SOSA 157

7ème Génération

- SOSA 078

Naissance † Décès ∞ Union

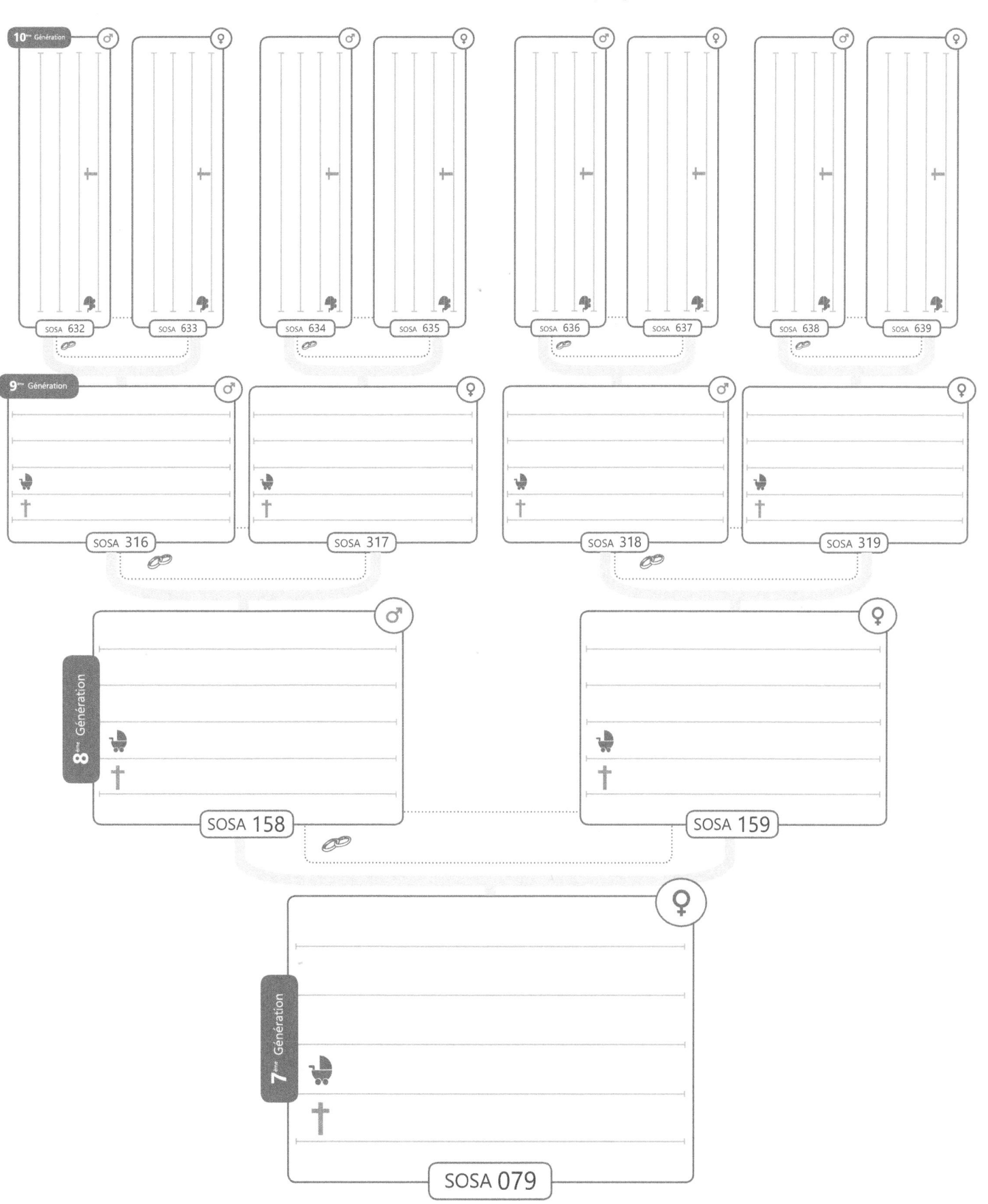

ASCENDANCE MATERNELLE du SOSA **039** (voir page n° 091)

10ème Génération

♂ SOSA 632 — ♀ SOSA 633
♂ SOSA 634 — ♀ SOSA 635
♂ SOSA 636 — ♀ SOSA 637
♂ SOSA 638 — ♀ SOSA 639

9ème Génération

♂ SOSA 316 — ♀ SOSA 317
♂ SOSA 318 — ♀ SOSA 319

8ème Génération

♂ SOSA 158 — ♀ SOSA 159

7ème Génération

♀ SOSA 079

🍼 Naissance † Décès 💍 Union

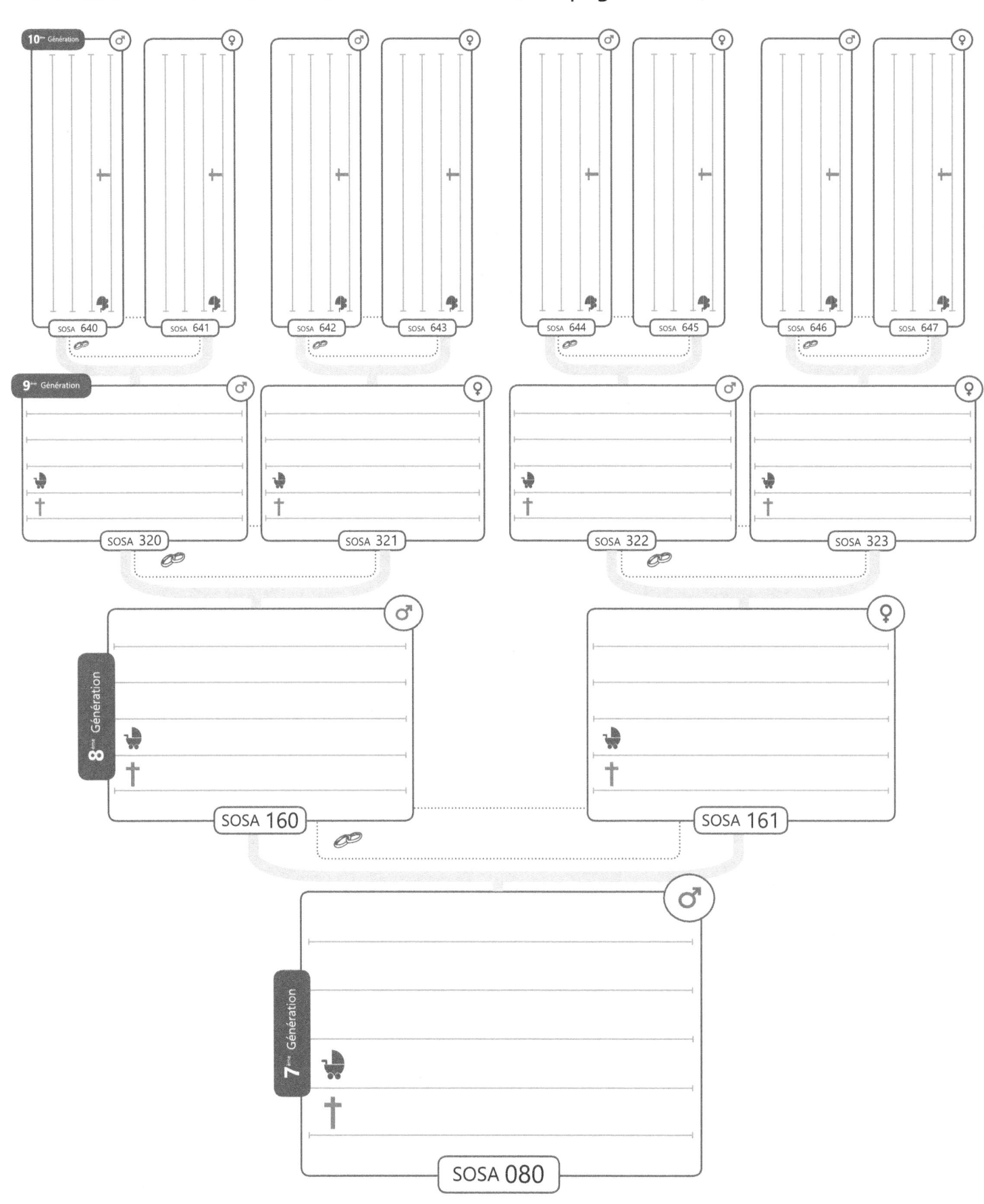

ASCENDANCE PATERNELLE du SOSA 040 (voir page n° 092)

10ème Génération

- SOSA 640 ♂
- SOSA 641 ♀
- SOSA 642 ♂
- SOSA 643 ♀
- SOSA 644 ♂
- SOSA 645 ♀
- SOSA 646 ♂
- SOSA 647 ♀

9ème Génération

- SOSA 320 ♂
- SOSA 321 ♀
- SOSA 322 ♂
- SOSA 323 ♀

8ème Génération

- SOSA 160 ♂
- SOSA 161 ♀

7ème Génération

- SOSA 080 ♂

Naissance † Décès ⚭ Union

ASCENDANCE MATERNELLE du SOSA **040** (voir page n° 092)

10ème Génération

- ♂ SOSA 648
- ♀ SOSA 649
- ♂ SOSA 650
- ♀ SOSA 651
- ♂ SOSA 652
- ♀ SOSA 653
- ♂ SOSA 654
- ♀ SOSA 655

9ème Génération

- ♂ SOSA 324
- ♀ SOSA 325
- ♂ SOSA 326
- ♀ SOSA 327

8ème Génération

- ♂ SOSA 162
- ♀ SOSA 163

7ème Génération

- ♀ SOSA 081

🍼 Naissance † Décès 💍 Union

135

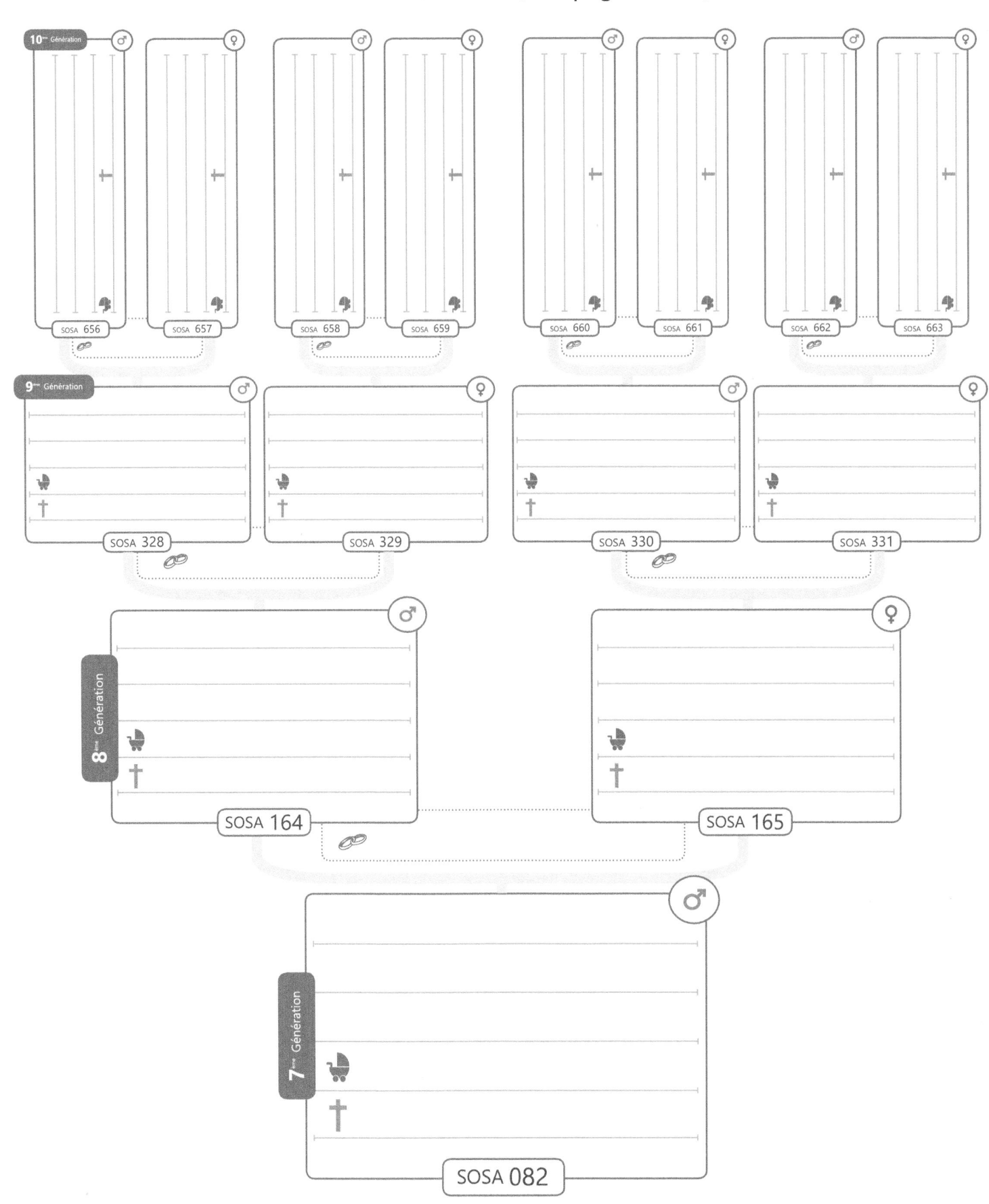

ASCENDANCE PATERNELLE du SOSA 041 (voir page n° 093)

10ème Génération

SOSA 656 — SOSA 657 — SOSA 658 — SOSA 659 — SOSA 660 — SOSA 661 — SOSA 662 — SOSA 663

9ème Génération

SOSA 328 — SOSA 329 — SOSA 330 — SOSA 331

8ème Génération

SOSA 164 — SOSA 165

7ème Génération

SOSA 082

Naissance †Décès ⚭ Union

136

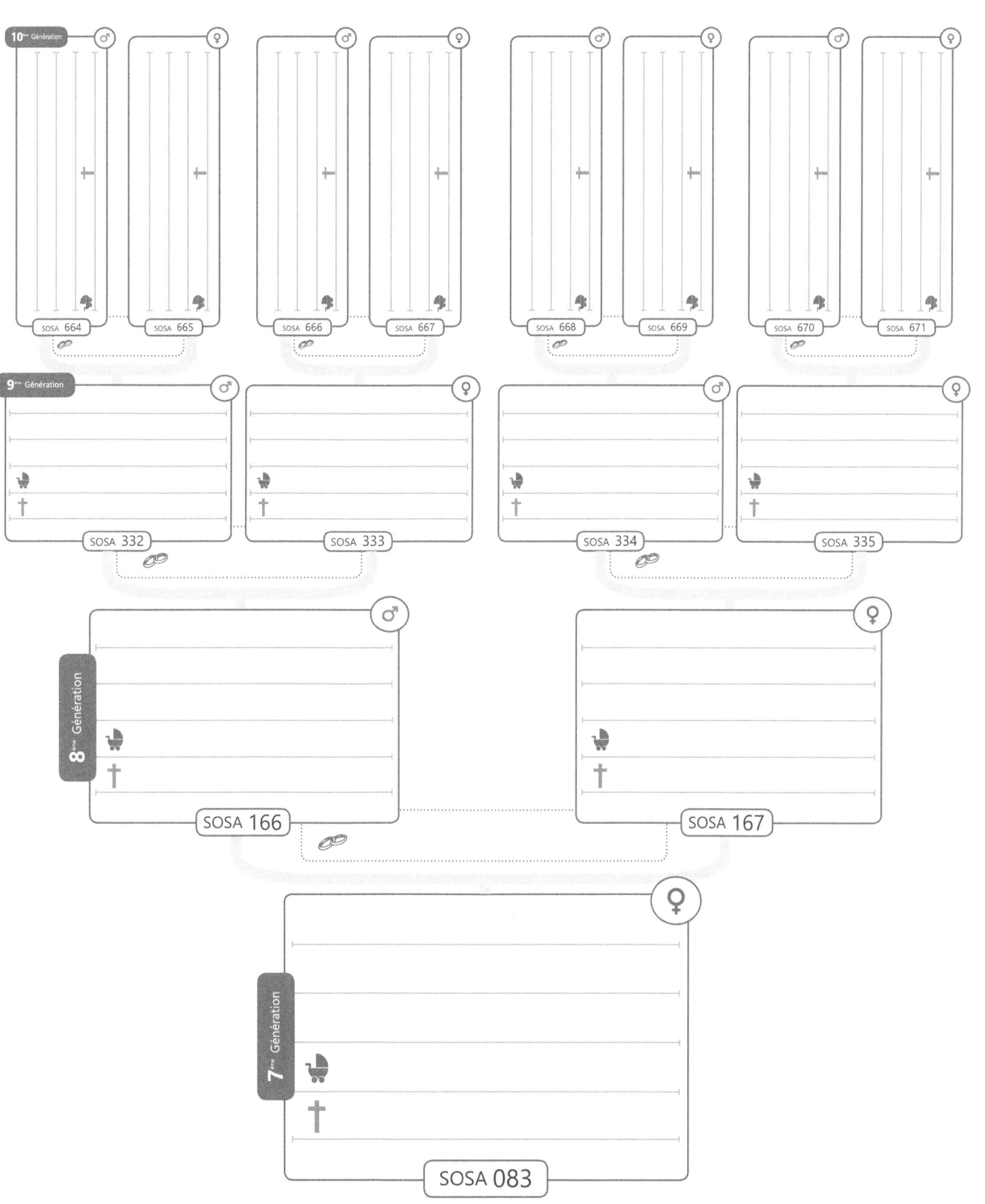

ASCENDANCE MATERNELLE du SOSA **041** (voir page n° 093)

10ème Génération

- ♂ SOSA 664
- ♀ SOSA 665
- ♂ SOSA 666
- ♀ SOSA 667
- ♂ SOSA 668
- ♀ SOSA 669
- ♂ SOSA 670
- ♀ SOSA 671

9ème Génération

- ♂ SOSA 332
- ♀ SOSA 333
- ♂ SOSA 334
- ♀ SOSA 335

8ème Génération

- ♂ SOSA 166
- ♀ SOSA 167

7ème Génération

- ♀ SOSA 083

Naissance † Décès ∞ Union

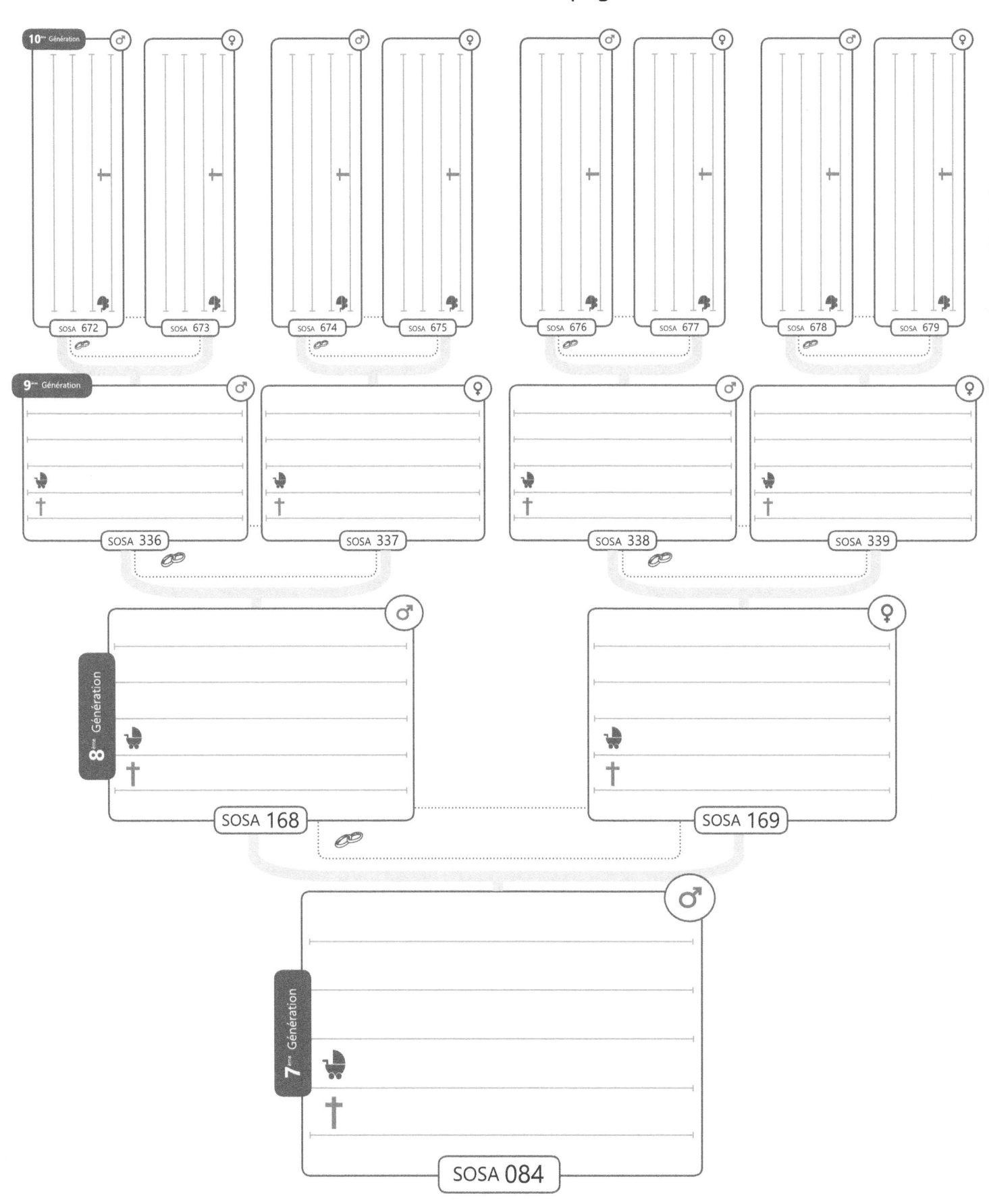

ASCENDANCE PATERNELLE du SOSA 042 (voir page n° 094)

10ème Génération

- SOSA 672 ♂
- SOSA 673 ♀
- SOSA 674 ♂
- SOSA 675 ♀
- SOSA 676 ♂
- SOSA 677 ♀
- SOSA 678 ♂
- SOSA 679 ♀

9ème Génération

- SOSA 336 ♂
- SOSA 337 ♀
- SOSA 338 ♂
- SOSA 339 ♀

8ème Génération

- SOSA 168 ♂
- SOSA 169 ♀

7ème Génération

- SOSA 084 ♂

Naissance † Décès ⚭ Union

138

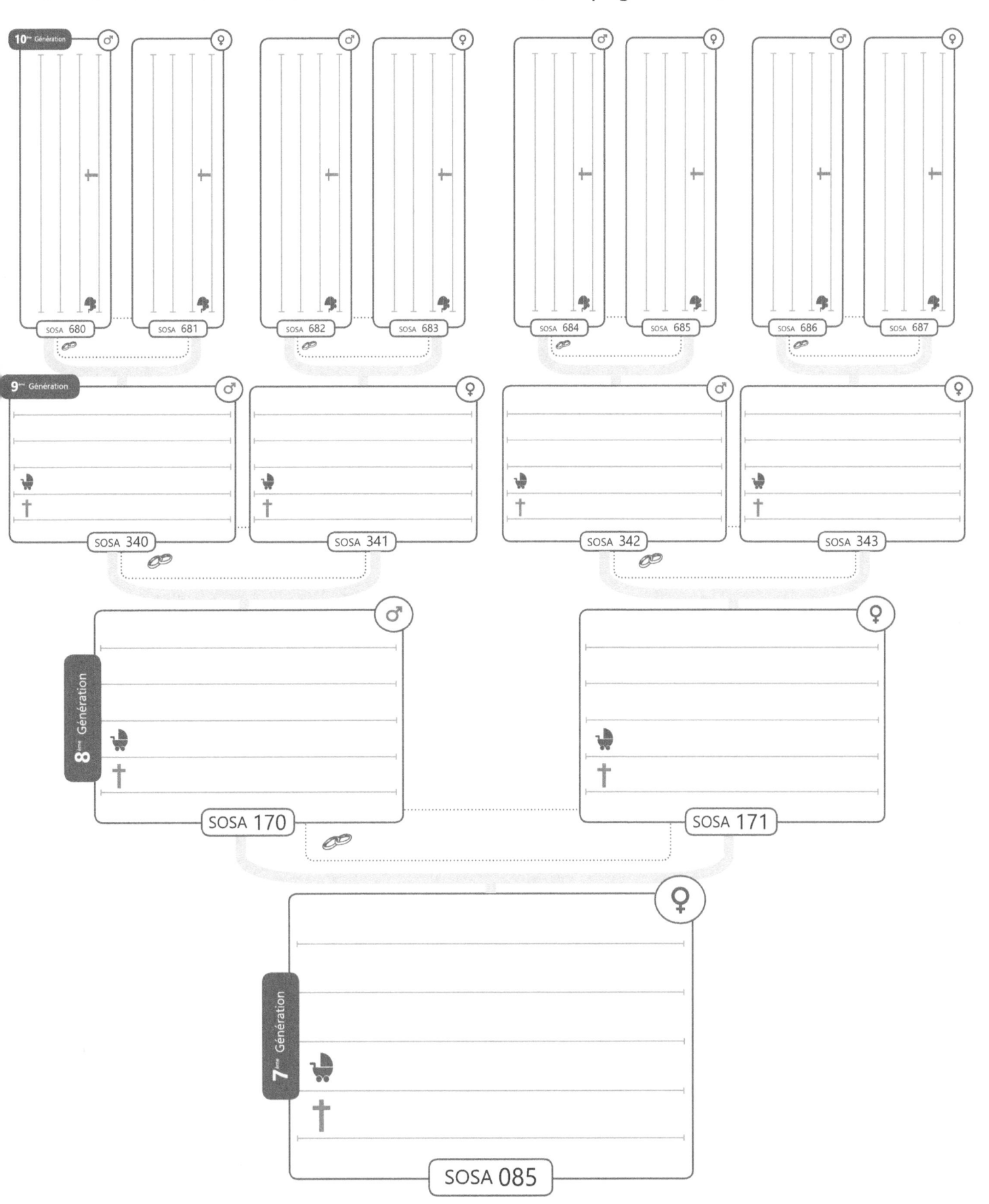

ASCENDANCE MATERNELLE du SOSA 042 (voir page n° 094)

10ème Génération

- ♂ SOSA 680
- ♀ SOSA 681
- ♂ SOSA 682
- ♀ SOSA 683
- ♂ SOSA 684
- ♀ SOSA 685
- ♂ SOSA 686
- ♀ SOSA 687

9ème Génération

- ♂ SOSA 340
- ♀ SOSA 341
- ♂ SOSA 342
- ♀ SOSA 343

8ème Génération

- ♂ SOSA 170
- ♀ SOSA 171

7ème Génération

- ♀ SOSA 085

Naissance †Décès ⚭Union

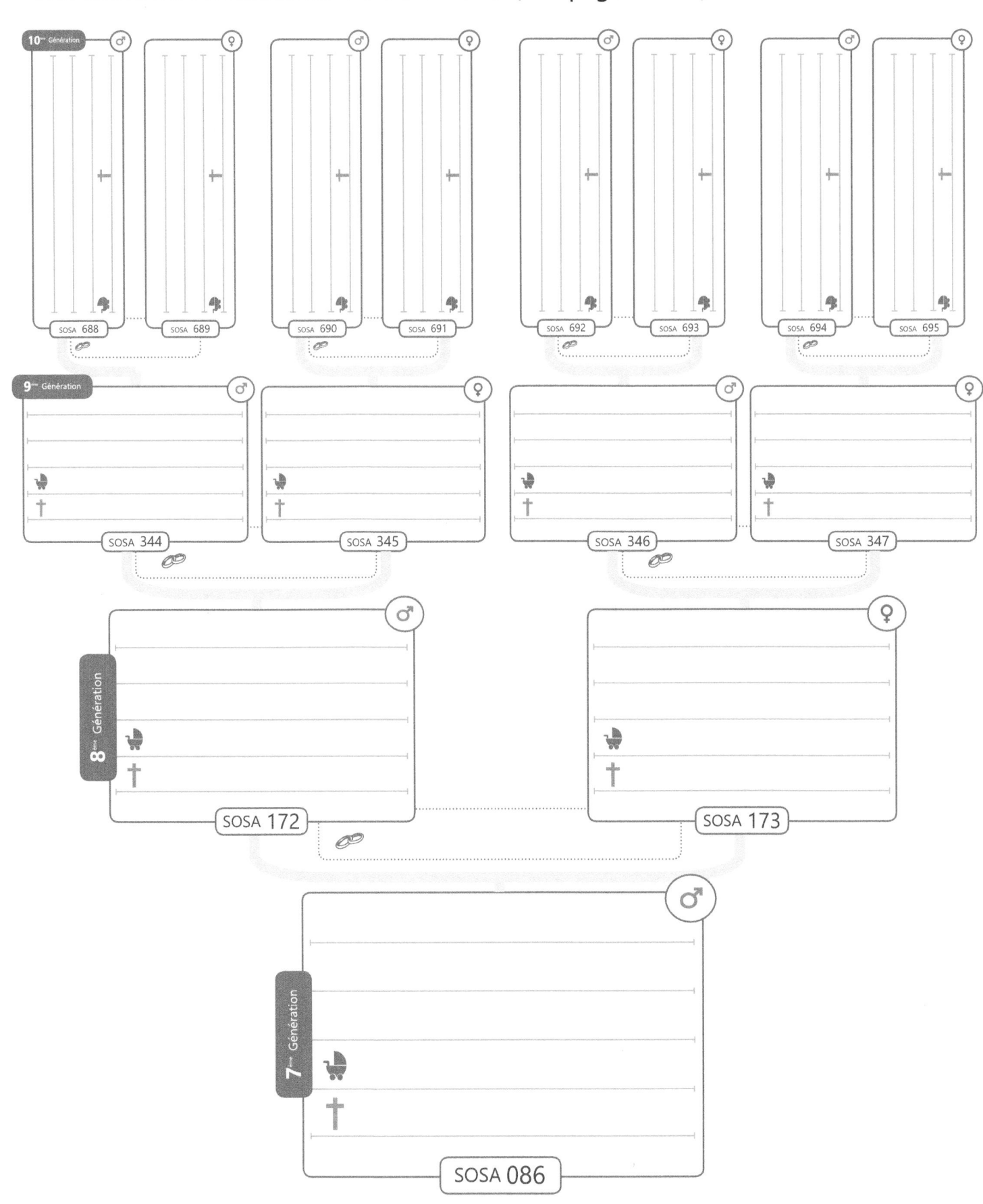

ASCENDANCE PATERNELLE du SOSA 043 (voir page n° 095)

10ème Génération

| ♂ SOSA 688 | ♀ SOSA 689 | ♂ SOSA 690 | ♀ SOSA 691 | ♂ SOSA 692 | ♀ SOSA 693 | ♂ SOSA 694 | ♀ SOSA 695 |

9ème Génération

| ♂ SOSA 344 | ♀ SOSA 345 | ♂ SOSA 346 | ♀ SOSA 347 |

8ème Génération

| ♂ SOSA 172 | ♀ SOSA 173 |

7ème Génération

♂ SOSA 086

Naissance † Décès ∞ Union

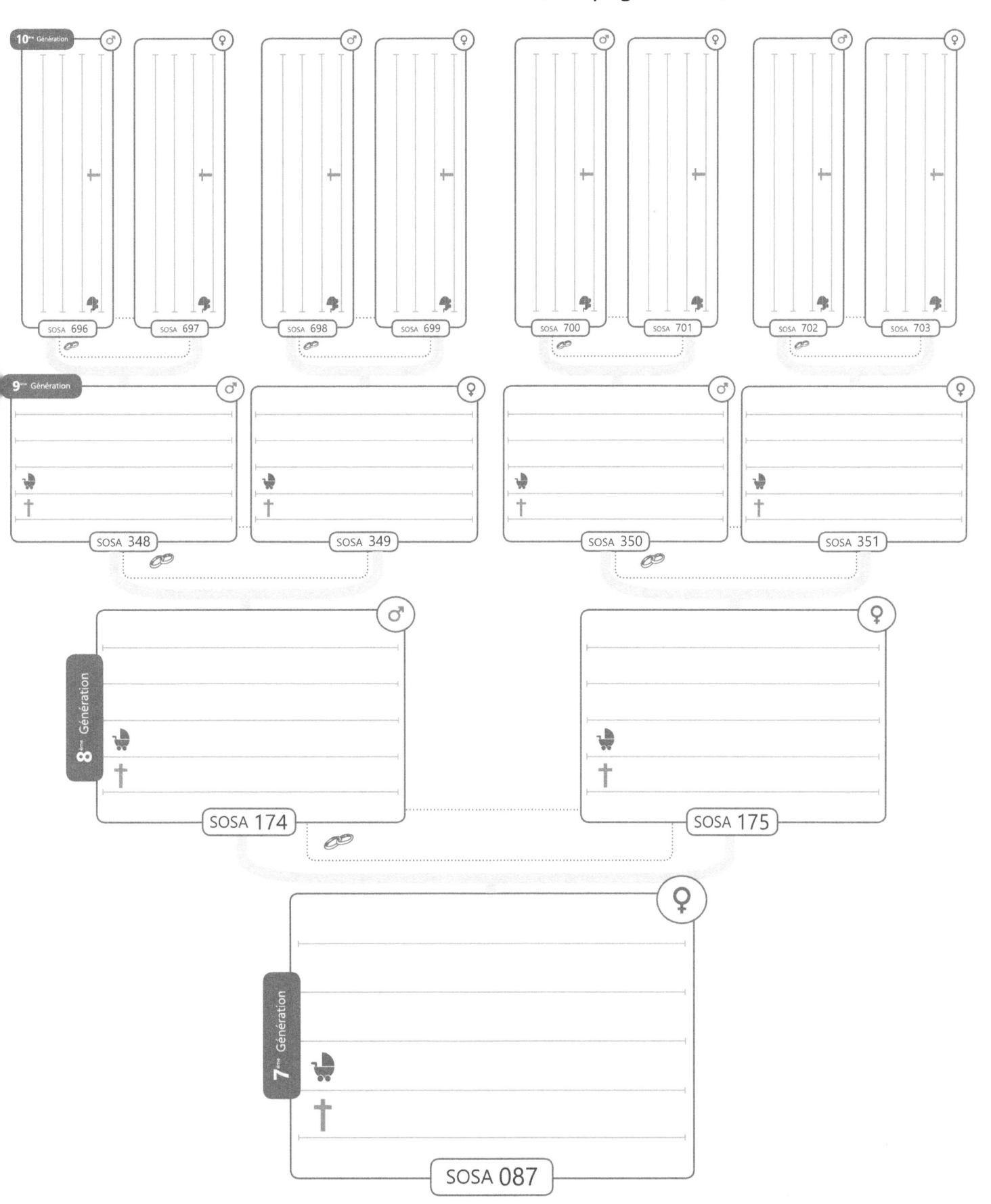

ASCENDANCE MATERNELLE du SOSA 043 (voir page n° 095)

10ème Génération

- SOSA 696 ♂
- SOSA 697 ♀
- SOSA 698 ♂
- SOSA 699 ♀
- SOSA 700 ♂
- SOSA 701 ♀
- SOSA 702 ♂
- SOSA 703 ♀

9ème Génération

- SOSA 348 ♂
- SOSA 349 ♀
- SOSA 350 ♂
- SOSA 351 ♀

8ème Génération

- SOSA 174 ♂
- SOSA 175 ♀

7ème Génération

- SOSA 087 ♀

Naissance † Décès ⚭ Union

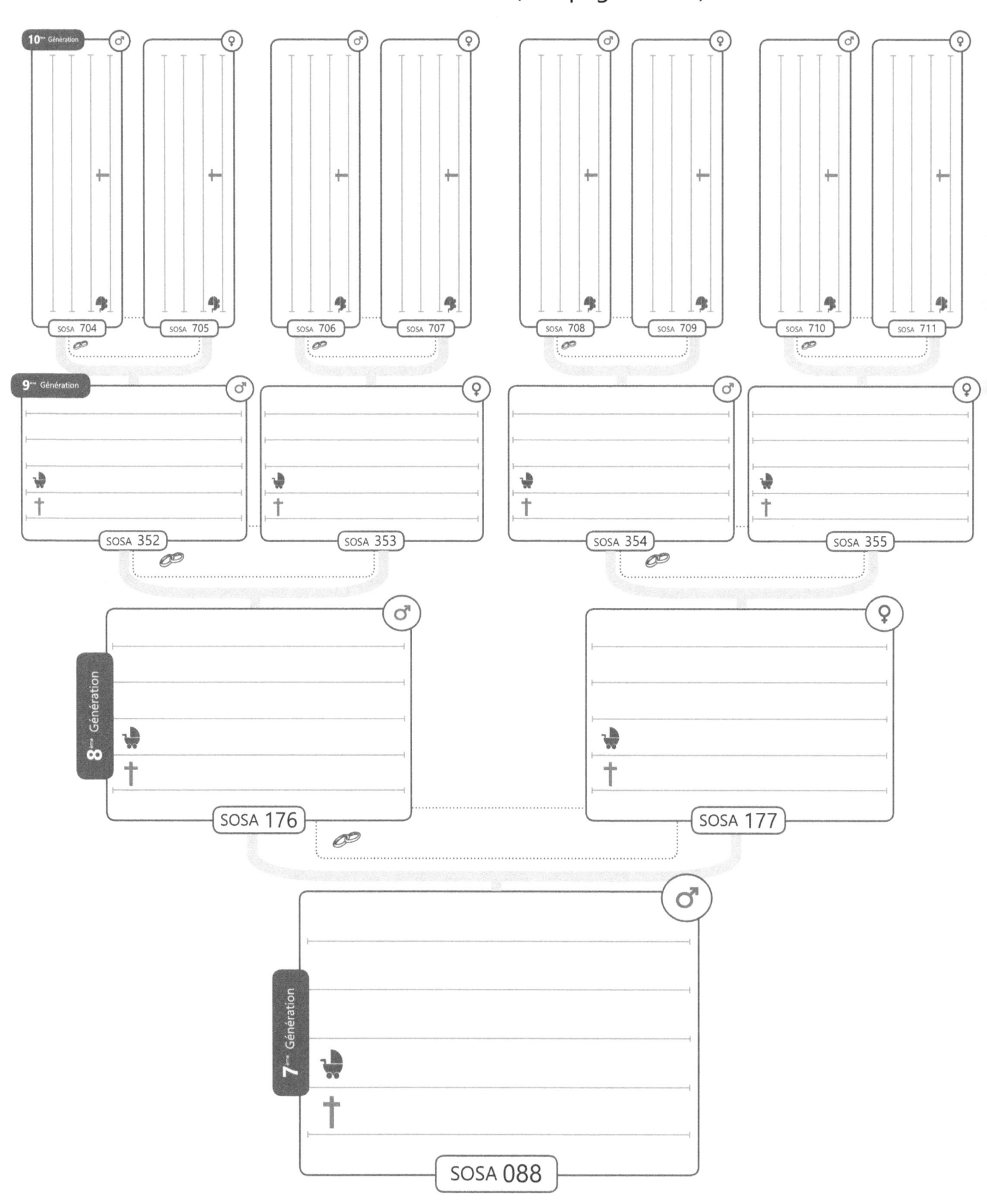

ASCENDANCE PATERNELLE du SOSA 044 (voir page n° 096)

10ème Génération

- SOSA 704 ♂
- SOSA 705 ♀
- SOSA 706 ♂
- SOSA 707 ♀
- SOSA 708 ♂
- SOSA 709 ♀
- SOSA 710 ♂
- SOSA 711 ♀

9ème Génération

- SOSA 352 ♂
- SOSA 353 ♀
- SOSA 354 ♂
- SOSA 355 ♀

8ème Génération

- SOSA 176 ♂
- SOSA 177 ♀

7ème Génération

- SOSA 088 ♂

Naissance † Décès ⚭ Union

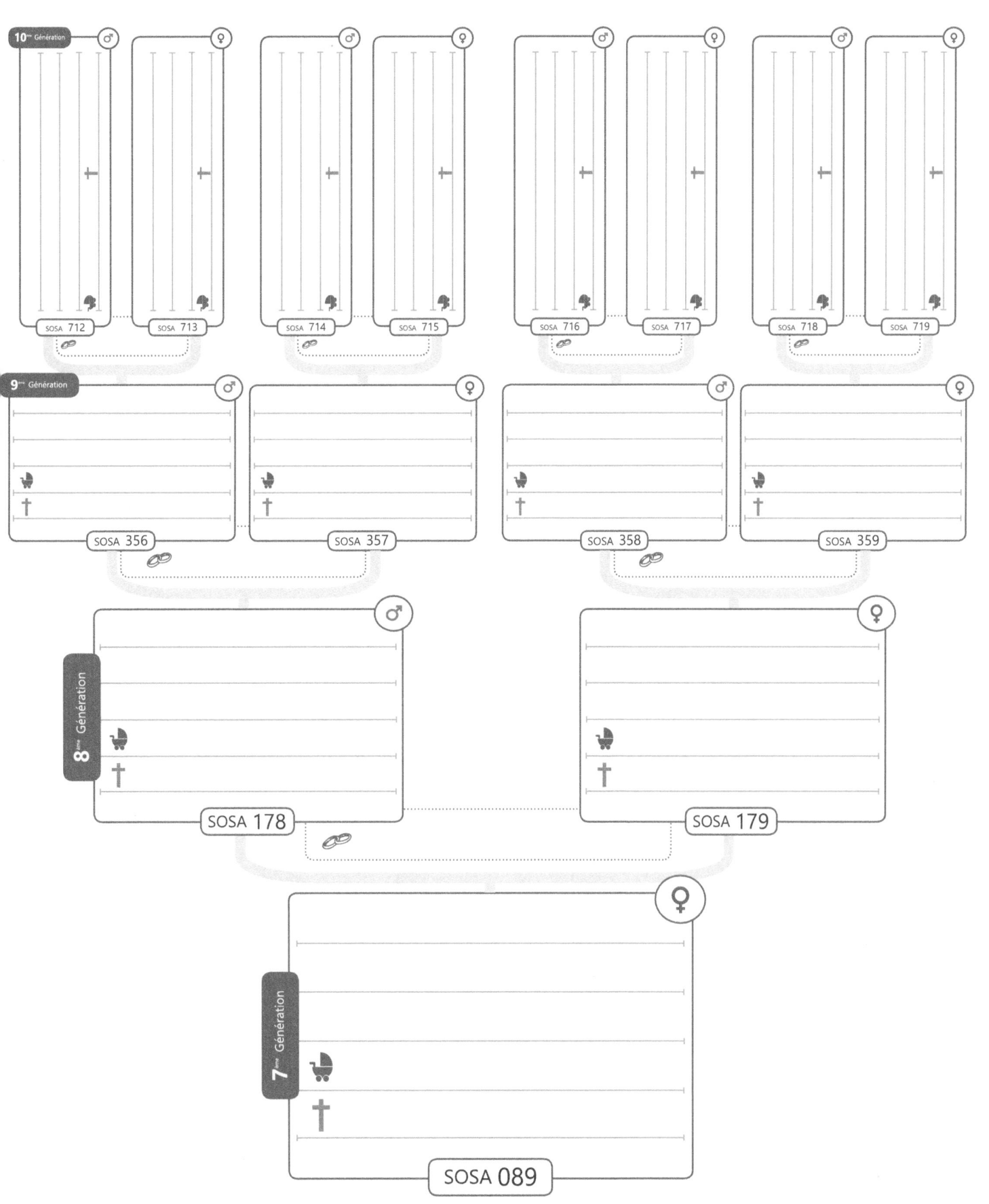

ASCENDANCE MATERNELLE du SOSA **044** (voir page n° 096)

10ème Génération

| ♂ SOSA 712 | ♀ SOSA 713 | ♂ SOSA 714 | ♀ SOSA 715 | ♂ SOSA 716 | ♀ SOSA 717 | ♂ SOSA 718 | ♀ SOSA 719 |

9ème Génération

| ♂ SOSA 356 | ♀ SOSA 357 | ♂ SOSA 358 | ♀ SOSA 359 |

8ème Génération

| ♂ SOSA 178 | ♀ SOSA 179 |

7ème Génération

♀ SOSA 089

Naissance † Décès ⚭ Union

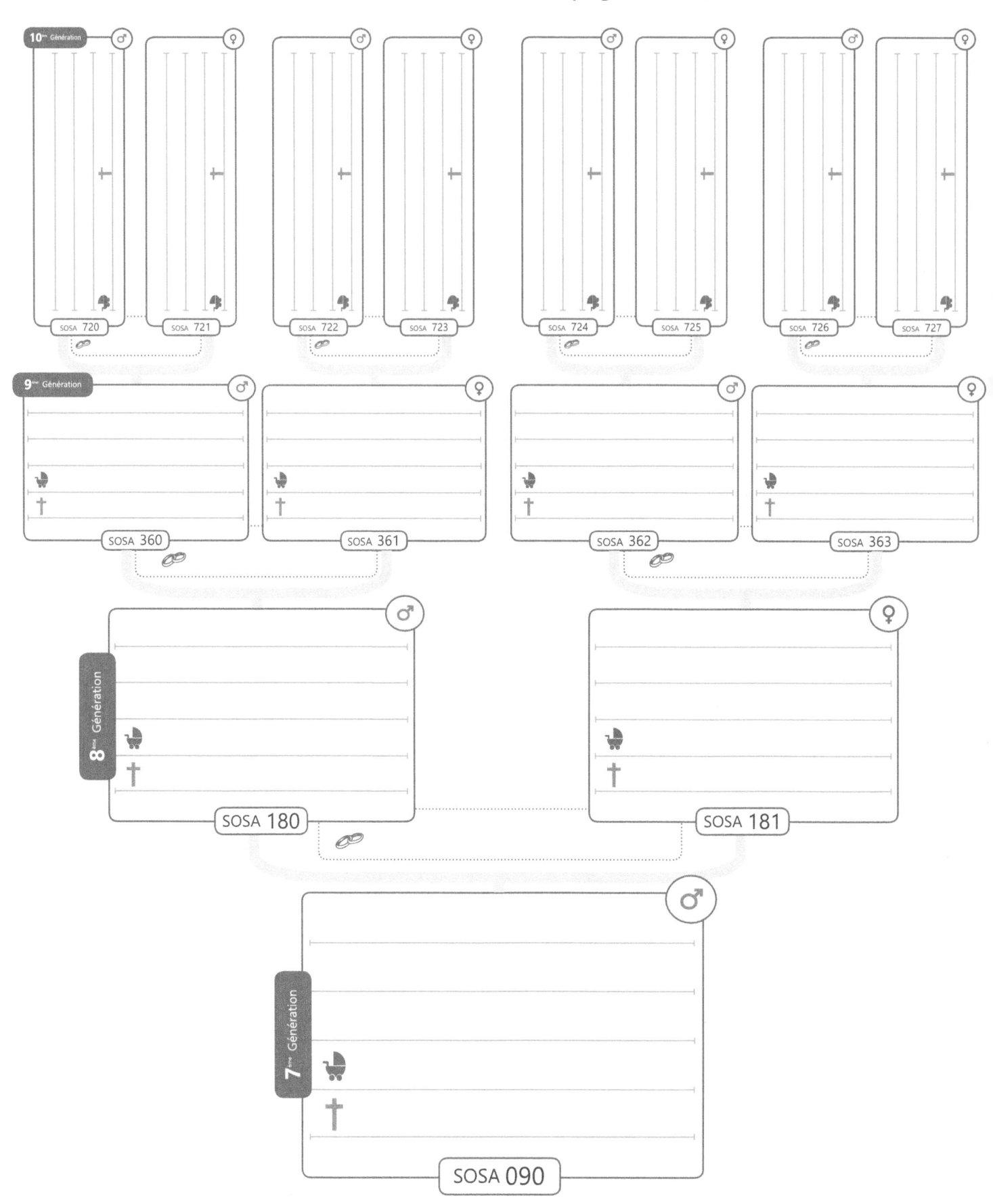

ASCENDANCE PATERNELLE du SOSA 045 (voir page n° 097)

10ème Génération

- ♂ SOSA 720
- ♀ SOSA 721
- ♂ SOSA 722
- ♀ SOSA 723
- ♂ SOSA 724
- ♀ SOSA 725
- ♂ SOSA 726
- ♀ SOSA 727

9ème Génération

- ♂ SOSA 360
- ♀ SOSA 361
- ♂ SOSA 362
- ♀ SOSA 363

8ème Génération

- ♂ SOSA 180
- ♀ SOSA 181

7ème Génération

- ♂ SOSA 090

Naissance †Décès ∞ Union

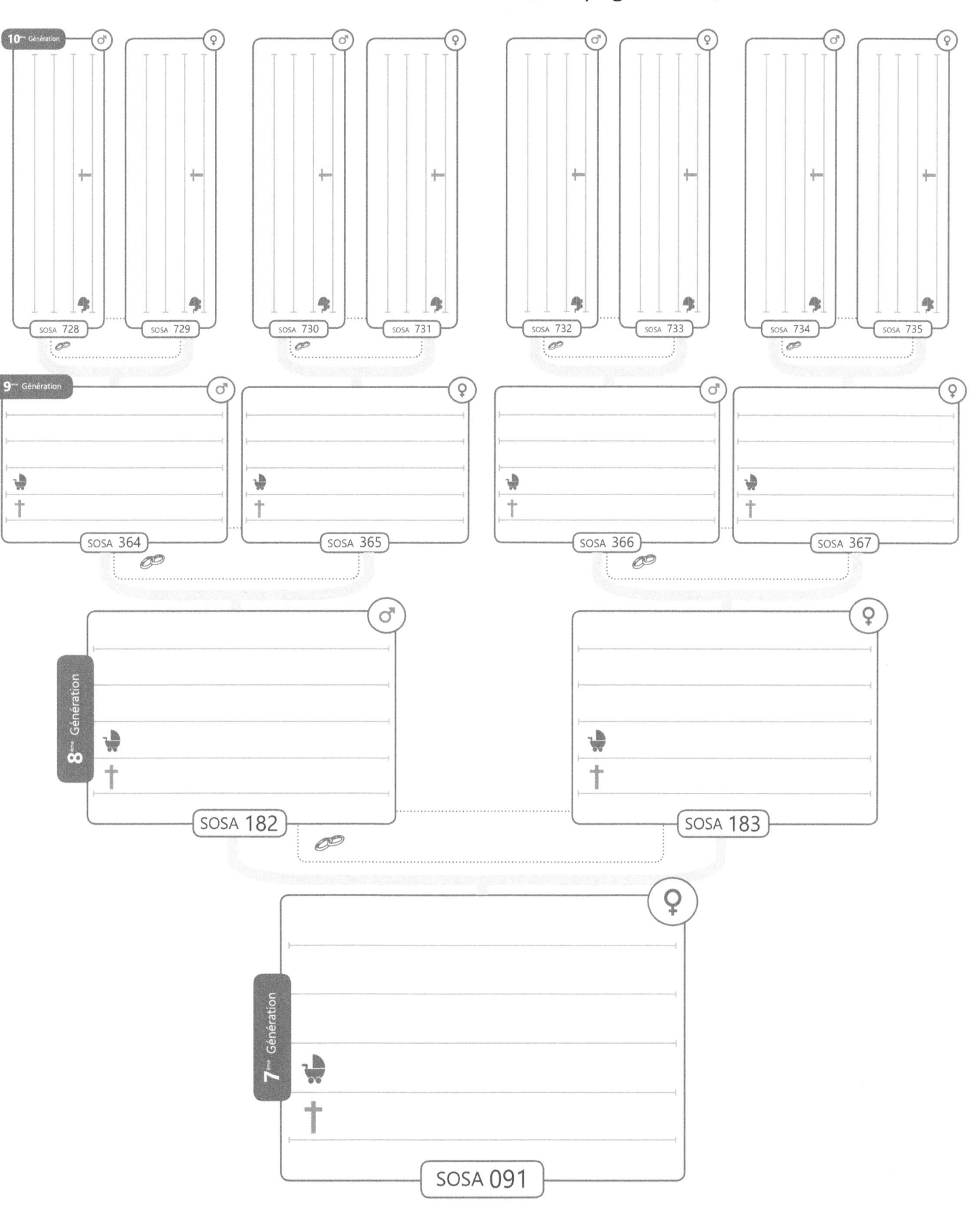

ASCENDANCE MATERNELLE du SOSA 045 (voir page n° 097)

10ème Génération

- ♂ SOSA 728
- ♀ SOSA 729
- ♂ SOSA 730
- ♀ SOSA 731
- ♂ SOSA 732
- ♀ SOSA 733
- ♂ SOSA 734
- ♀ SOSA 735

9ème Génération

- ♂ SOSA 364
- ♀ SOSA 365
- ♂ SOSA 366
- ♀ SOSA 367

8ème Génération

- ♂ SOSA 182
- ♀ SOSA 183

7ème Génération

- ♀ SOSA 091

Naissance † Décès ∞ Union

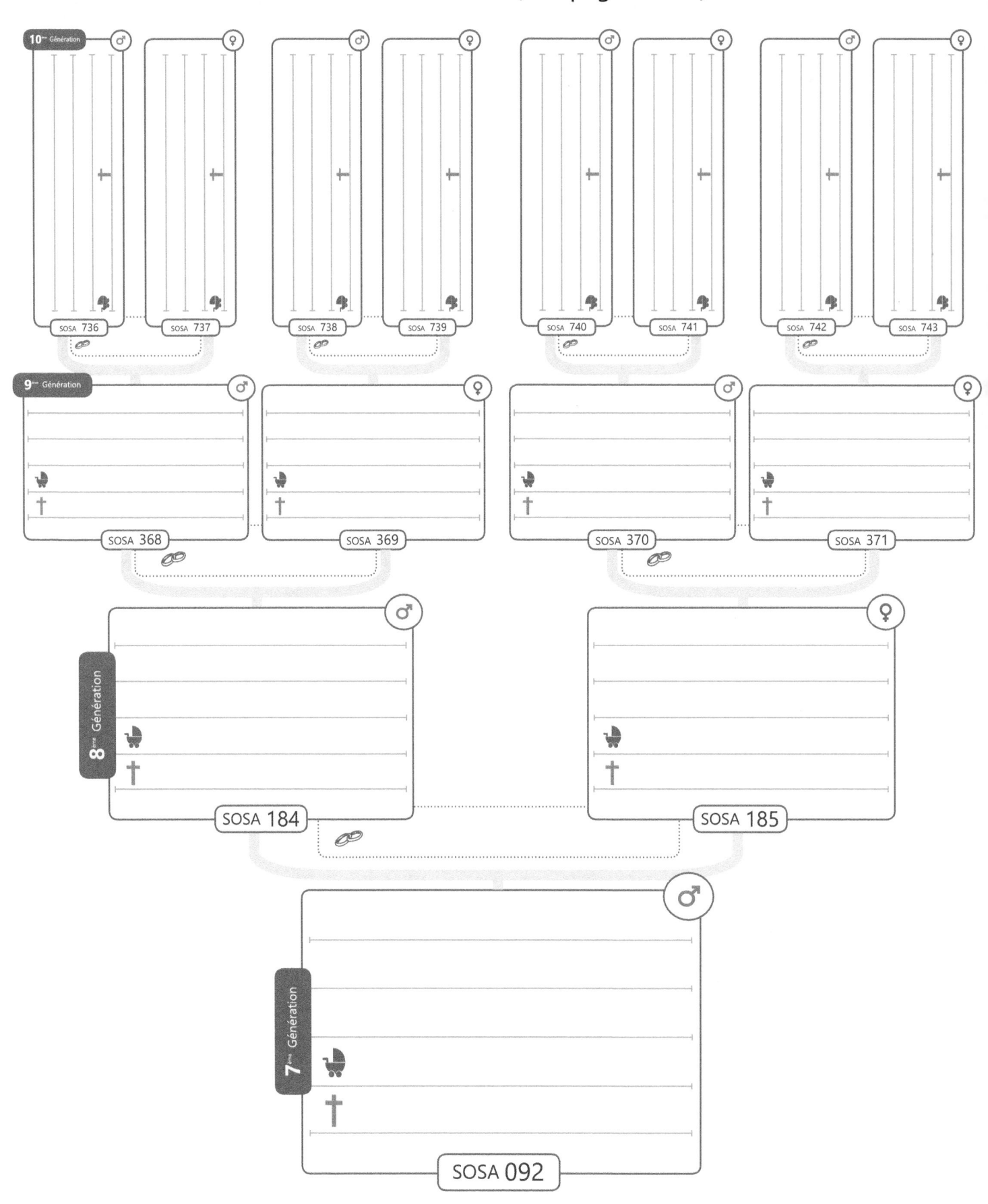

ASCENDANCE PATERNELLE du SOSA 046 (voir page n° 098)

10ème Génération

- SOSA 736 ♂
- SOSA 737 ♀
- SOSA 738 ♂
- SOSA 739 ♀
- SOSA 740 ♂
- SOSA 741 ♀
- SOSA 742 ♂
- SOSA 743 ♀

9ème Génération

- SOSA 368 ♂
- SOSA 369 ♀
- SOSA 370 ♂
- SOSA 371 ♀

8ème Génération

- SOSA 184 ♂
- SOSA 185 ♀

7ème Génération

- SOSA 092 ♂

Naissance † Décès ⚭ Union

146

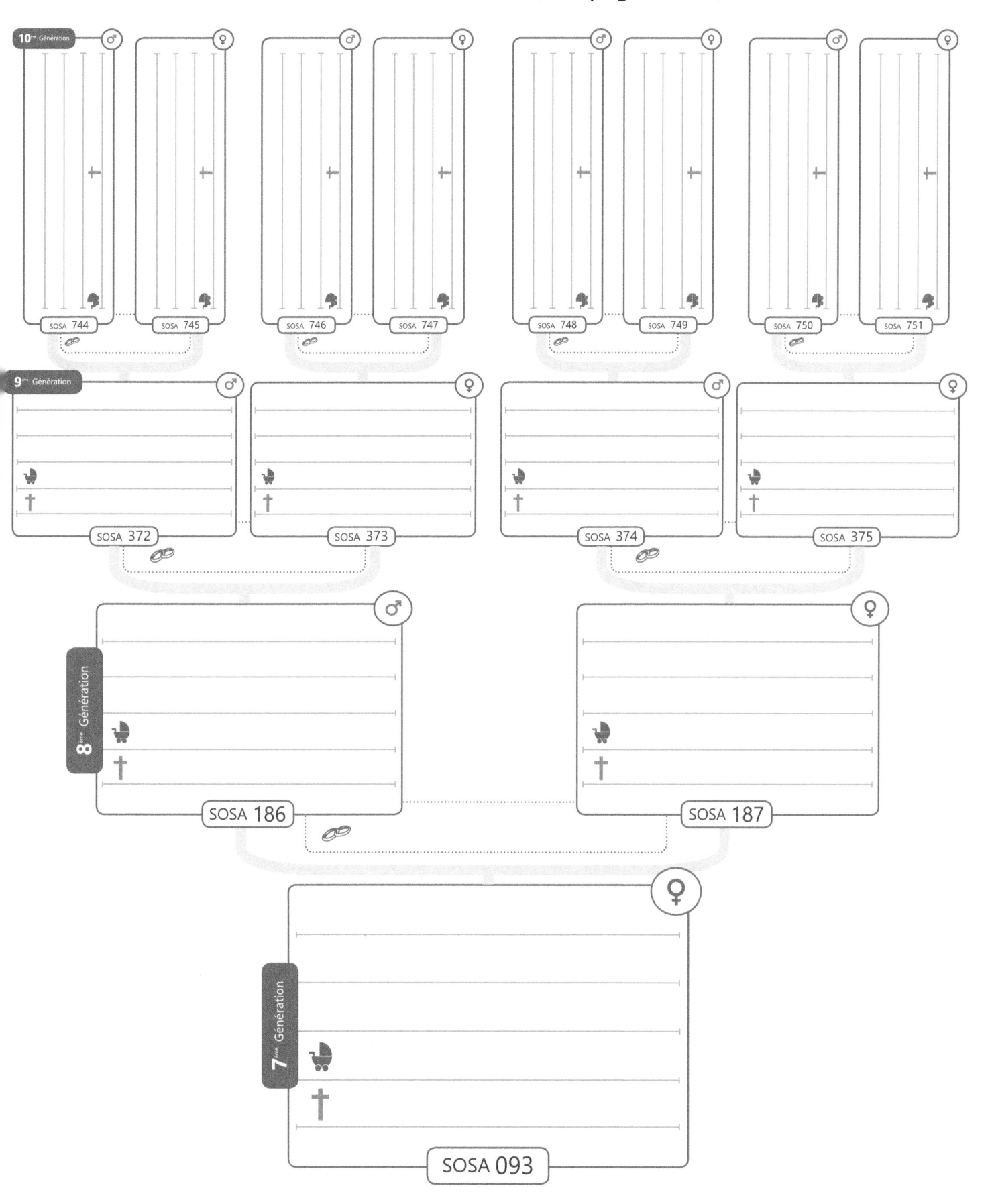

ASCENDANCE MATERNELLE du SOSA **046** (voir page n° 098)

10ème Génération

- ♂ SOSA 744
- ♀ SOSA 745
- ♂ SOSA 746
- ♀ SOSA 747
- ♂ SOSA 748
- ♀ SOSA 749
- ♂ SOSA 750
- ♀ SOSA 751

9ème Génération

- ♂ SOSA 372
- ♀ SOSA 373
- ♂ SOSA 374
- ♀ SOSA 375

8ème Génération

- ♂ SOSA 186
- ♀ SOSA 187

7ème Génération

- ♀ SOSA 093

Naissance † Décès ⚭ Union

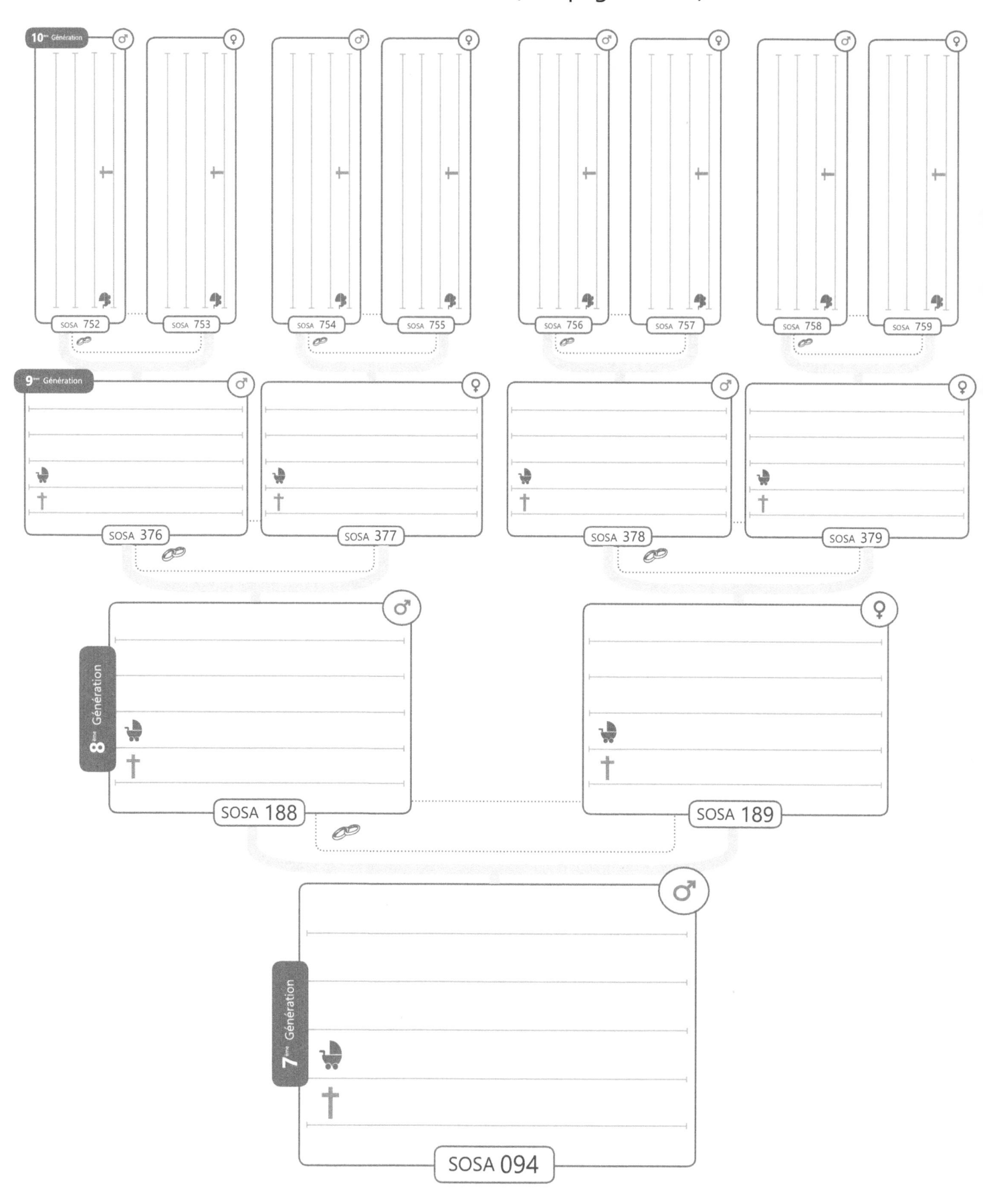

ASCENDANCE PATERNELLE du SOSA 047 (voir page n° 099)

10ème Génération

- SOSA 752 ♂
- SOSA 753 ♀
- SOSA 754 ♂
- SOSA 755 ♀
- SOSA 756 ♂
- SOSA 757 ♀
- SOSA 758 ♂
- SOSA 759 ♀

9ème Génération

- SOSA 376 ♂
- SOSA 377 ♀
- SOSA 378 ♂
- SOSA 379 ♀

8ème Génération

- SOSA 188 ♂
- SOSA 189 ♀

7ème Génération

- SOSA 094 ♂

Naissance † Décès ∞ Union

148

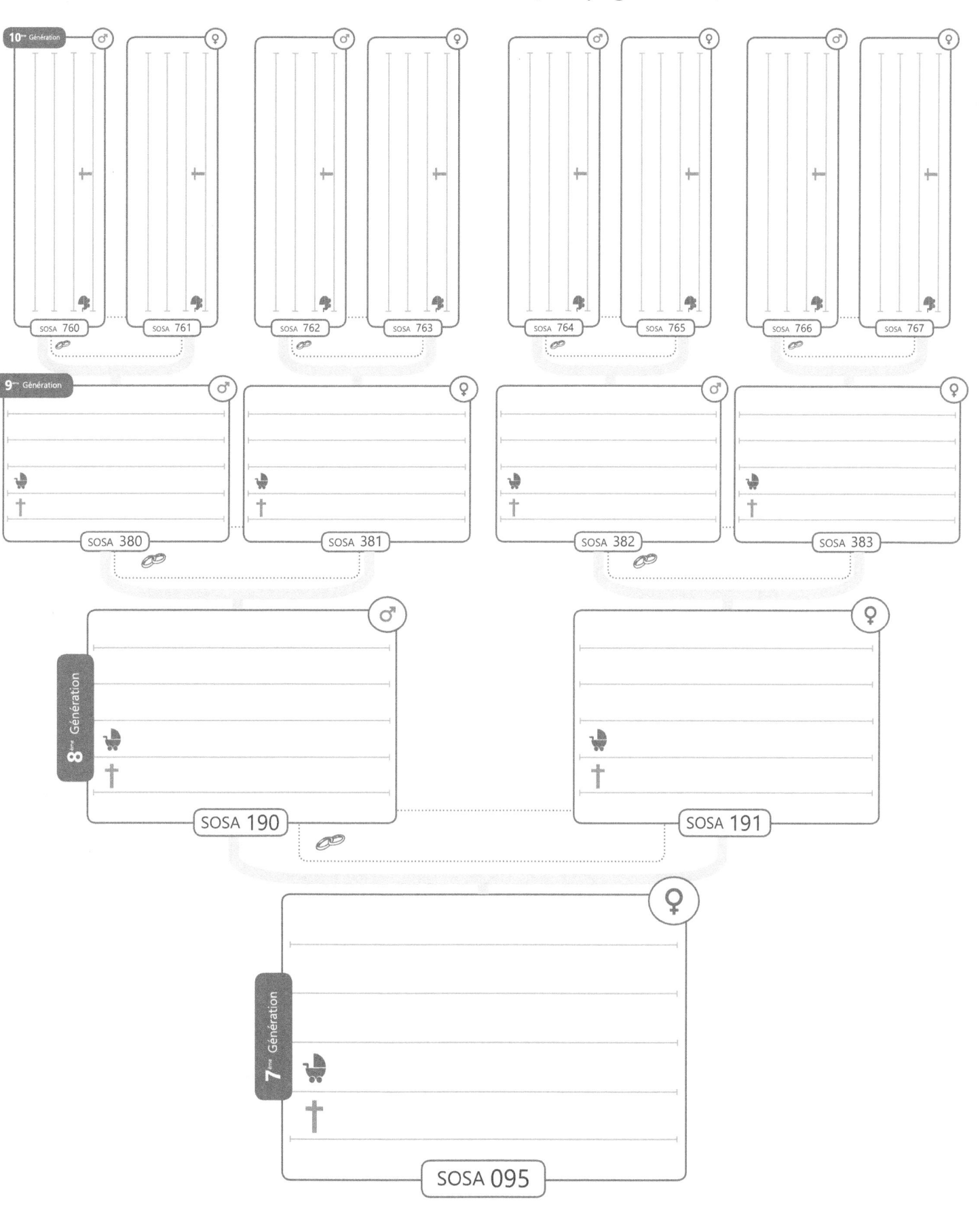

ASCENDANCE MATERNELLE du SOSA **047** (voir page n° 099)

10ème Génération

- ♂ SOSA 760
- ♀ SOSA 761
- ♂ SOSA 762
- ♀ SOSA 763
- ♂ SOSA 764
- ♀ SOSA 765
- ♂ SOSA 766
- ♀ SOSA 767

9ème Génération

- ♂ SOSA 380
- ♀ SOSA 381
- ♂ SOSA 382
- ♀ SOSA 383

8ème Génération

- ♂ SOSA 190
- ♀ SOSA 191

7ème Génération

- ♀ SOSA 095

Naissance † Décès ⚭ Union

149

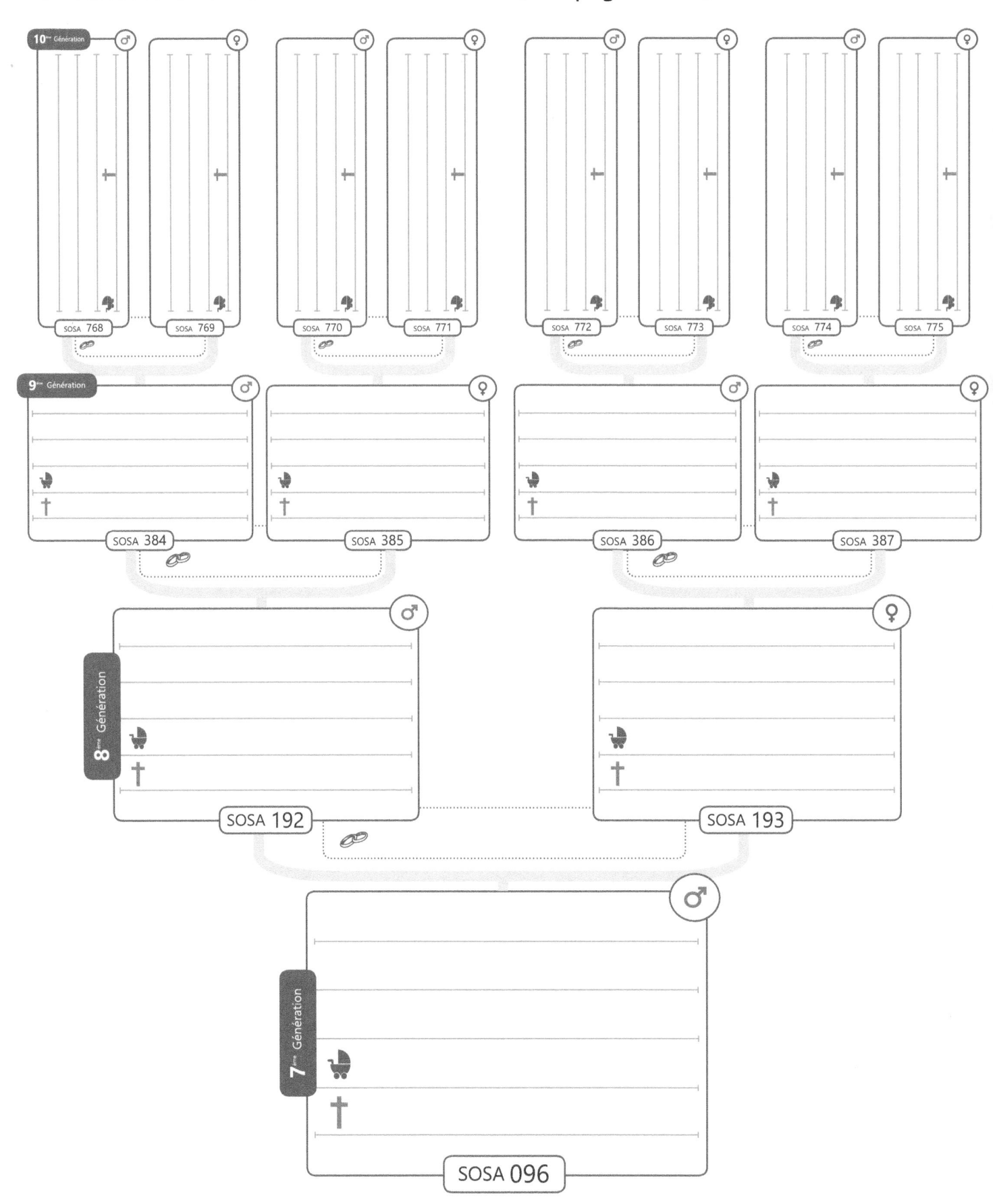

ASCENDANCE PATERNELLE du SOSA 048 (voir page n° 100)

10ème Génération

- SOSA 768 ♂
- SOSA 769 ♀
- SOSA 770 ♂
- SOSA 771 ♀
- SOSA 772 ♂
- SOSA 773 ♀
- SOSA 774 ♂
- SOSA 775 ♀

9ème Génération

- SOSA 384 ♂
- SOSA 385 ♀
- SOSA 386 ♂
- SOSA 387 ♀

8ème Génération

- SOSA 192 ♂
- SOSA 193 ♀

7ème Génération

- SOSA 096 ♂

Naissance † Décès ⚭ Union

150

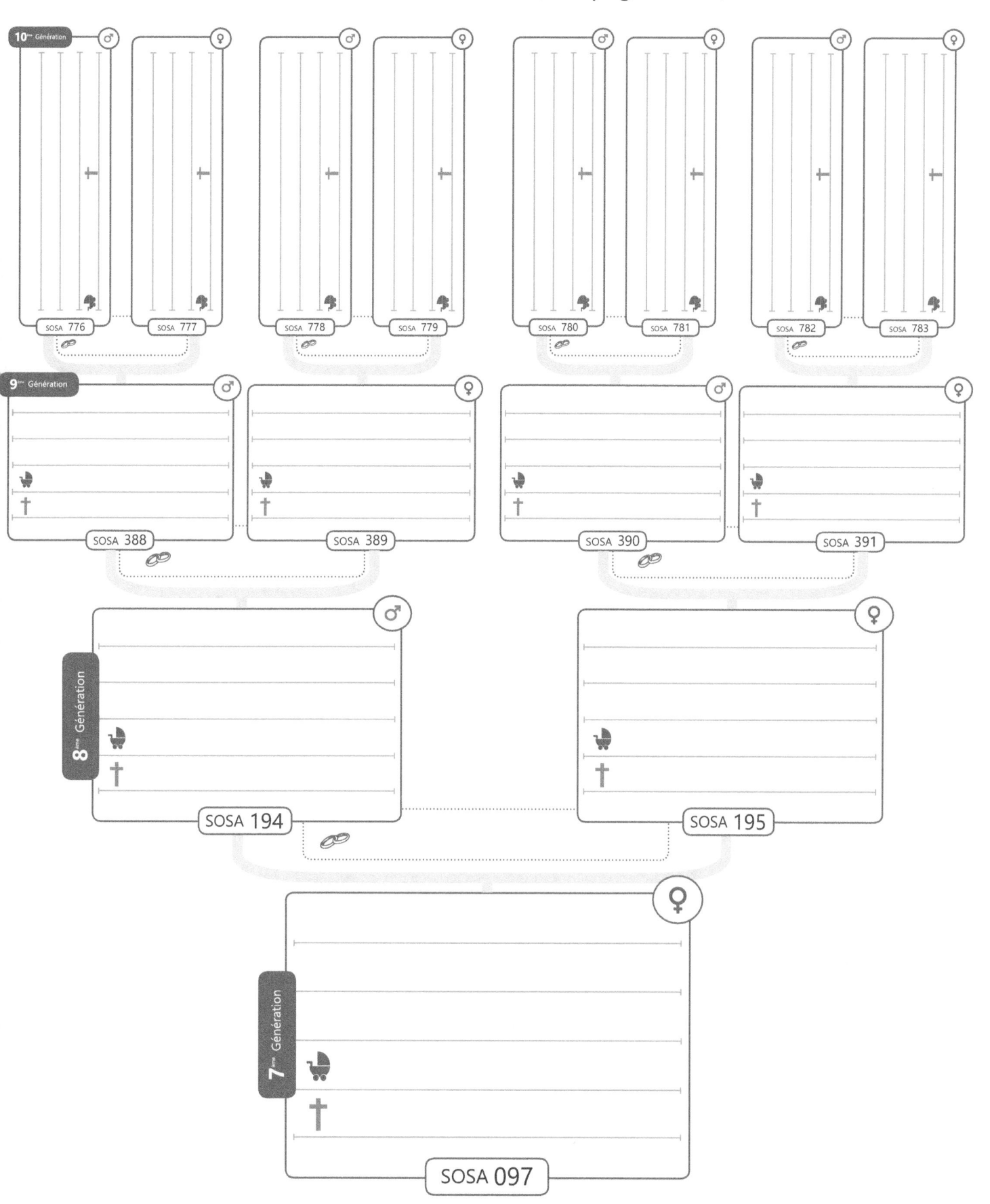

ASCENDANCE MATERNELLE du SOSA **048** (voir page n° 100)

10ème Génération

- ♂ SOSA 776
- ♀ SOSA 777
- ♂ SOSA 778
- ♀ SOSA 779
- ♂ SOSA 780
- ♀ SOSA 781
- ♂ SOSA 782
- ♀ SOSA 783

9ème Génération

- ♂ SOSA 388
- ♀ SOSA 389
- ♂ SOSA 390
- ♀ SOSA 391

8ème Génération

- ♂ SOSA 194
- ♀ SOSA 195

7ème Génération

- ♀ SOSA 097

Naissance † Décès ⚭ Union

151

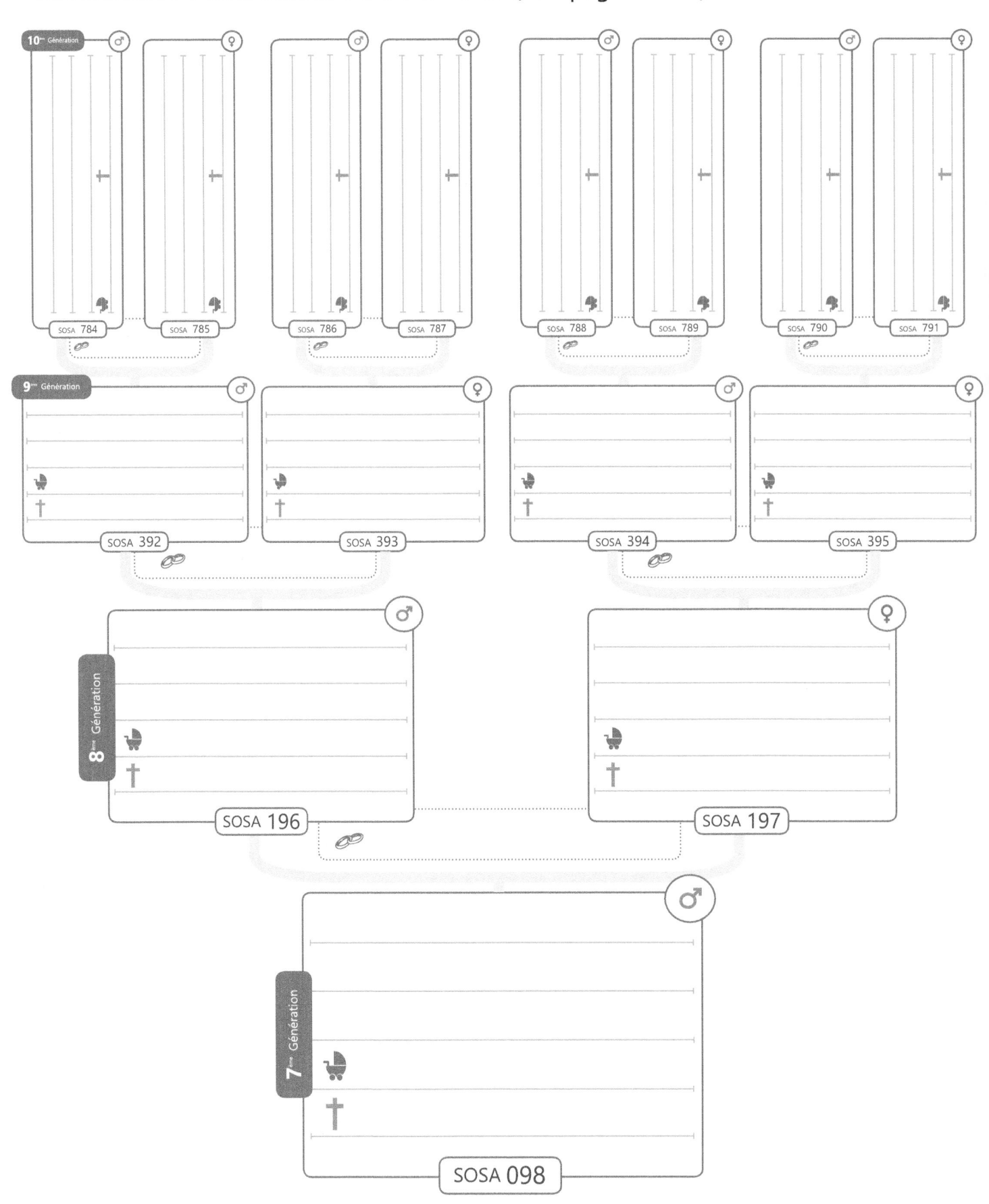

ASCENDANCE PATERNELLE du SOSA 049 (voir page n° 101)

10ème Génération

SOSA 784 — SOSA 785 — SOSA 786 — SOSA 787 — SOSA 788 — SOSA 789 — SOSA 790 — SOSA 791

9ème Génération

SOSA 392 — SOSA 393 — SOSA 394 — SOSA 395

8ème Génération

SOSA 196 — SOSA 197

7ème Génération

SOSA 098

Naissance † Décès ⚭ Union

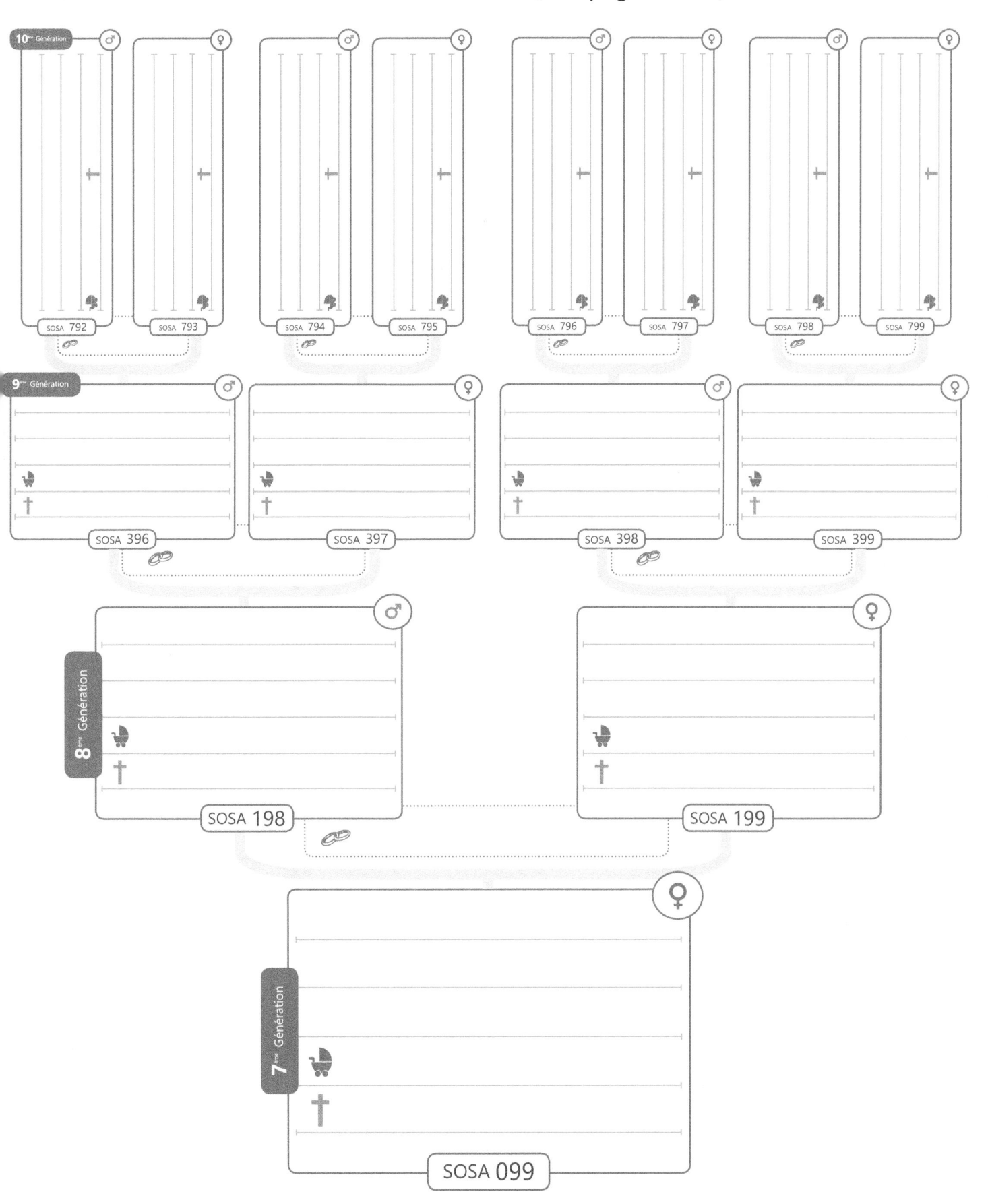

ASCENDANCE MATERNELLE du SOSA **049** (voir page n° 101)

10ème Génération

- ♂ SOSA 792
- ♀ SOSA 793
- ♂ SOSA 794
- ♀ SOSA 795
- ♂ SOSA 796
- ♀ SOSA 797
- ♂ SOSA 798
- ♀ SOSA 799

9ème Génération

- ♂ SOSA 396
- ♀ SOSA 397
- ♂ SOSA 398
- ♀ SOSA 399

8ème Génération

- ♂ SOSA 198
- ♀ SOSA 199

7ème Génération

- ♀ SOSA 099

Naissance † Décès ∞ Union

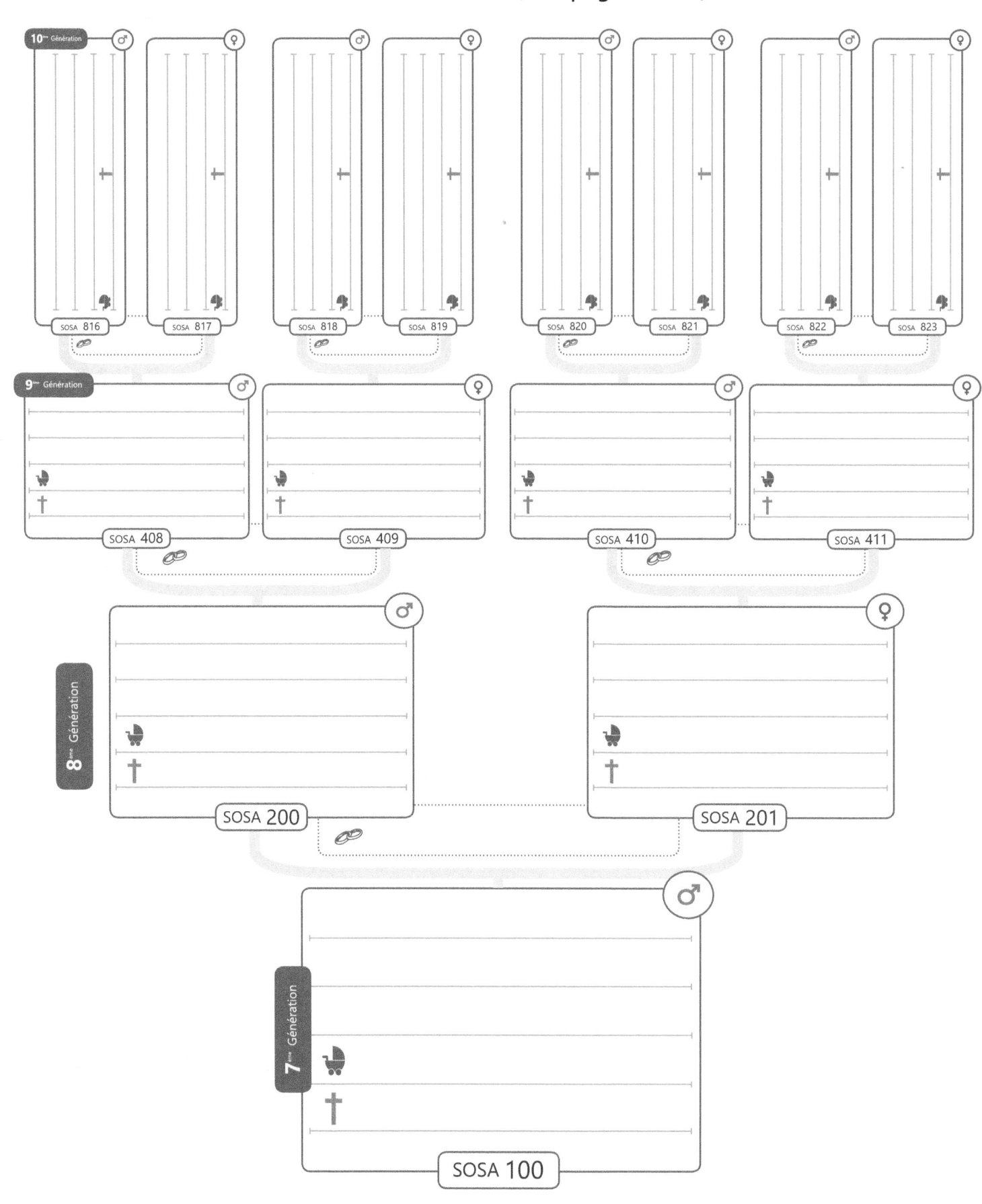

ASCENDANCE PATERNELLE du SOSA 050 (voir page n° 102)

10ème Génération

- ♂ SOSA 816
- ♀ SOSA 817
- ♂ SOSA 818
- ♀ SOSA 819
- ♂ SOSA 820
- ♀ SOSA 821
- ♂ SOSA 822
- ♀ SOSA 823

9ème Génération

- ♂ SOSA 408
- ♀ SOSA 409
- ♂ SOSA 410
- ♀ SOSA 411

8ème Génération

- ♂ SOSA 200
- ♀ SOSA 201

7ème Génération

- ♂ SOSA 100

Naissance † Décès ∞ Union

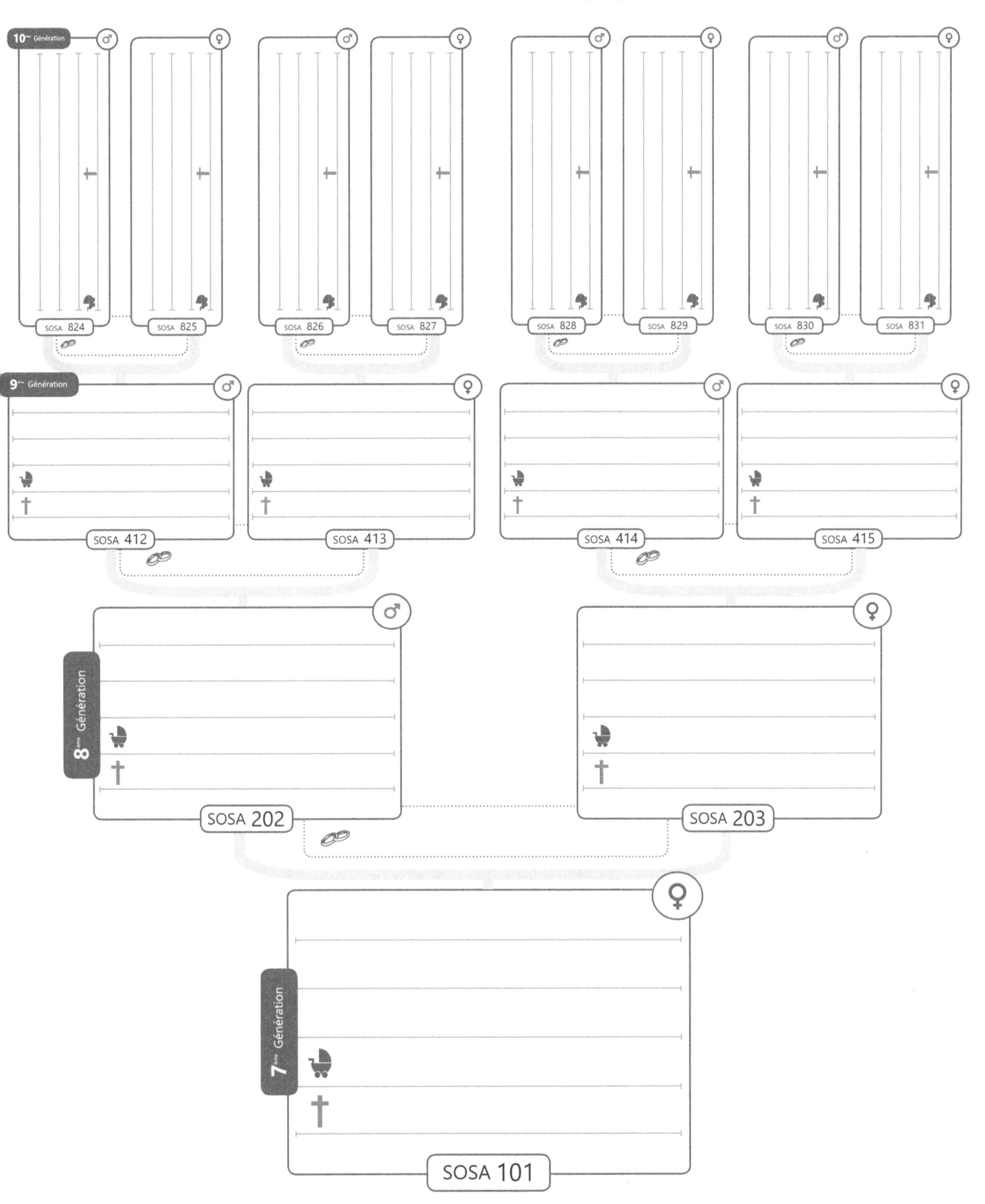

ASCENDANCE MATERNELLE du SOSA 050 (voir page n° 102)

10ème Génération

| ♂ SOSA 824 | ♀ SOSA 825 | ♂ SOSA 826 | ♀ SOSA 827 | ♂ SOSA 828 | ♀ SOSA 829 | ♂ SOSA 830 | ♀ SOSA 831 |

9ème Génération

| ♂ SOSA 412 | ♀ SOSA 413 | ♂ SOSA 414 | ♀ SOSA 415 |

8ème Génération

| ♂ SOSA 202 | ♀ SOSA 203 |

7ème Génération

♀ SOSA 101

Naissance † Décès ⚭ Union

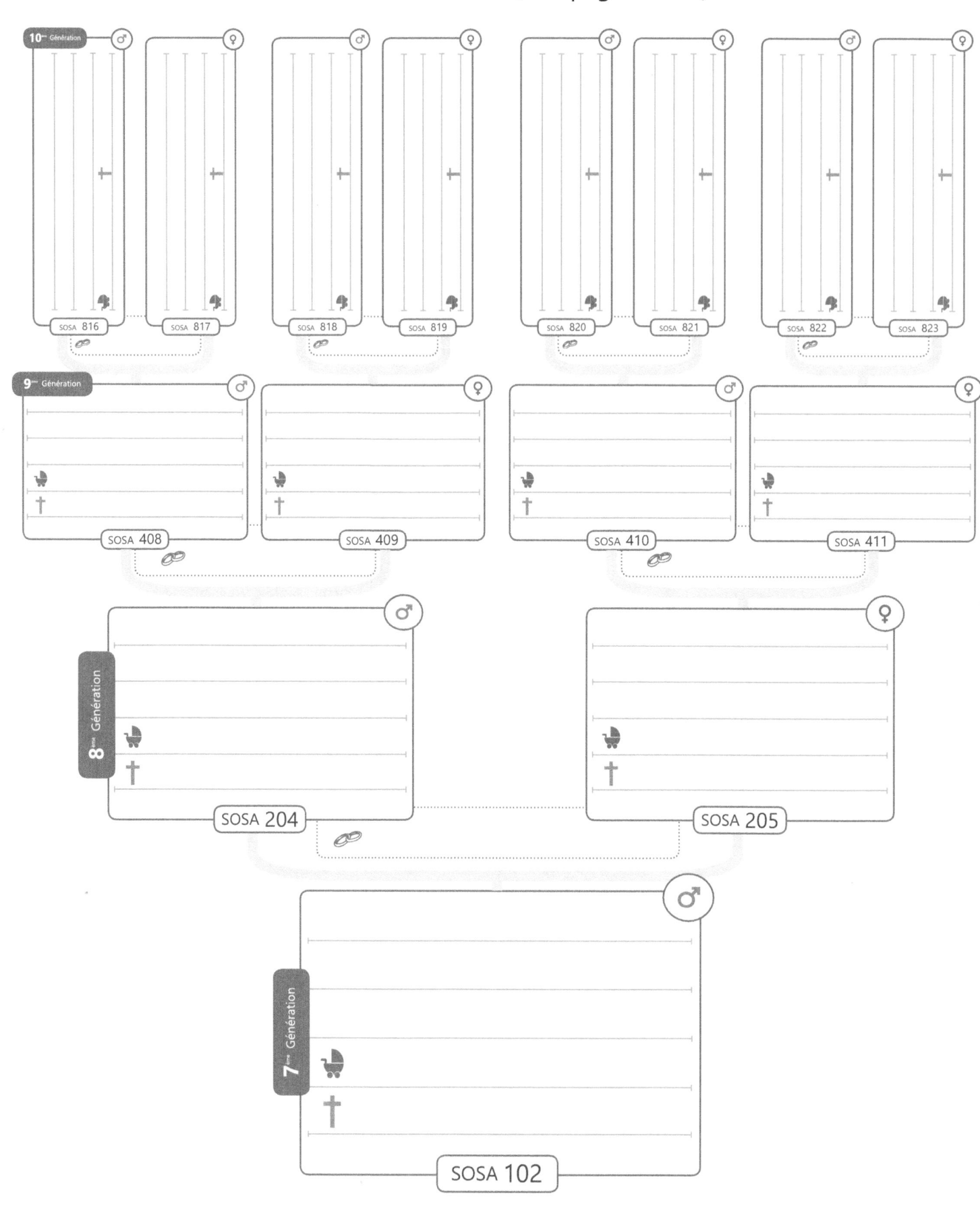

ASCENDANCE PATERNELLE du SOSA 051 (voir page n° 103)

10ème Génération

- SOSA 816
- SOSA 817
- SOSA 818
- SOSA 819
- SOSA 820
- SOSA 821
- SOSA 822
- SOSA 823

9ème Génération

- SOSA 408
- SOSA 409
- SOSA 410
- SOSA 411

8ème Génération

- SOSA 204
- SOSA 205

7ème Génération

- SOSA 102

Naissance † Décès ∞ Union

156

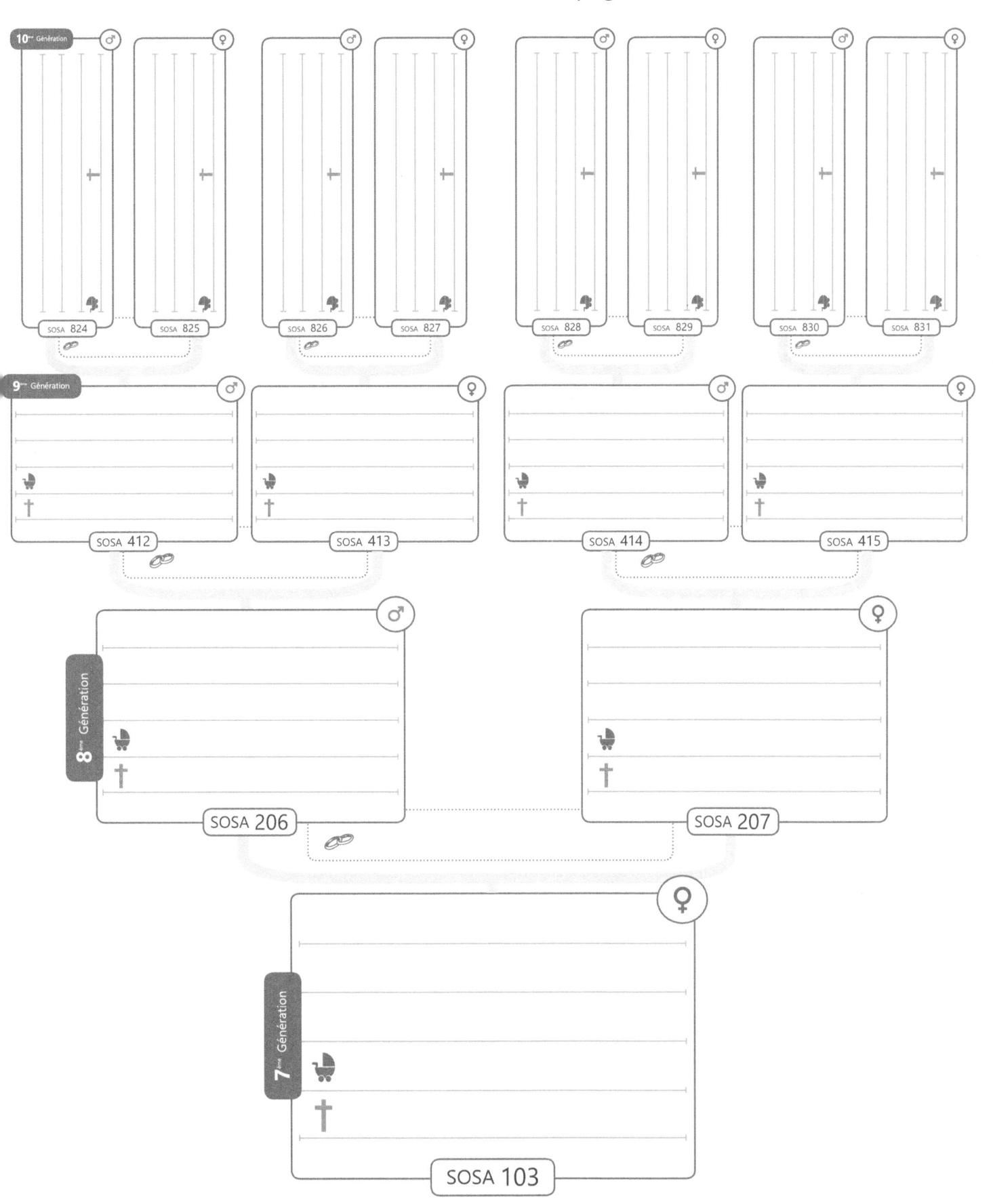

ASCENDANCE MATERNELLE du SOSA **051** (voir page n° 103)

10ème Génération

- ♂ SOSA 824
- ♀ SOSA 825
- ♂ SOSA 826
- ♀ SOSA 827
- ♂ SOSA 828
- ♀ SOSA 829
- ♂ SOSA 830
- ♀ SOSA 831

9ème Génération

- ♂ SOSA 412
- ♀ SOSA 413
- ♂ SOSA 414
- ♀ SOSA 415

8ème Génération

- ♂ SOSA 206
- ♀ SOSA 207

7ème Génération

- ♀ SOSA 103

Naissance † Décès ∞ Union

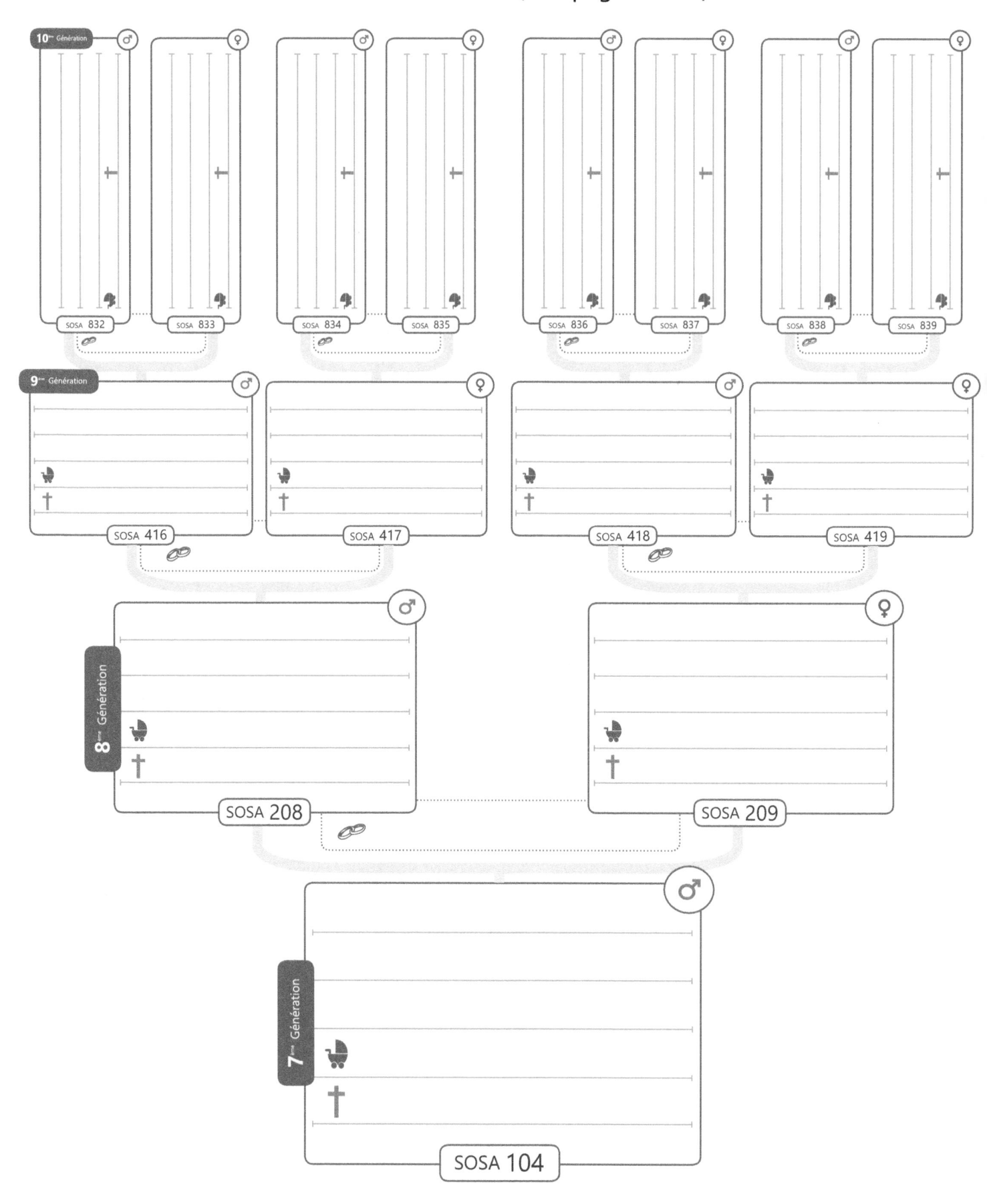

ASCENDANCE PATERNELLE du SOSA 052 (voir page n° 104)

10ème Génération

- SOSA 832 ♂
- SOSA 833 ♀
- SOSA 834 ♂
- SOSA 835 ♀
- SOSA 836 ♂
- SOSA 837 ♀
- SOSA 838 ♂
- SOSA 839 ♀

9ème Génération

- SOSA 416 ♂
- SOSA 417 ♀
- SOSA 418 ♂
- SOSA 419 ♀

8ème Génération

- SOSA 208 ♂
- SOSA 209 ♀

7ème Génération

- SOSA 104 ♂

🍼 Naissance † Décès 💍 Union

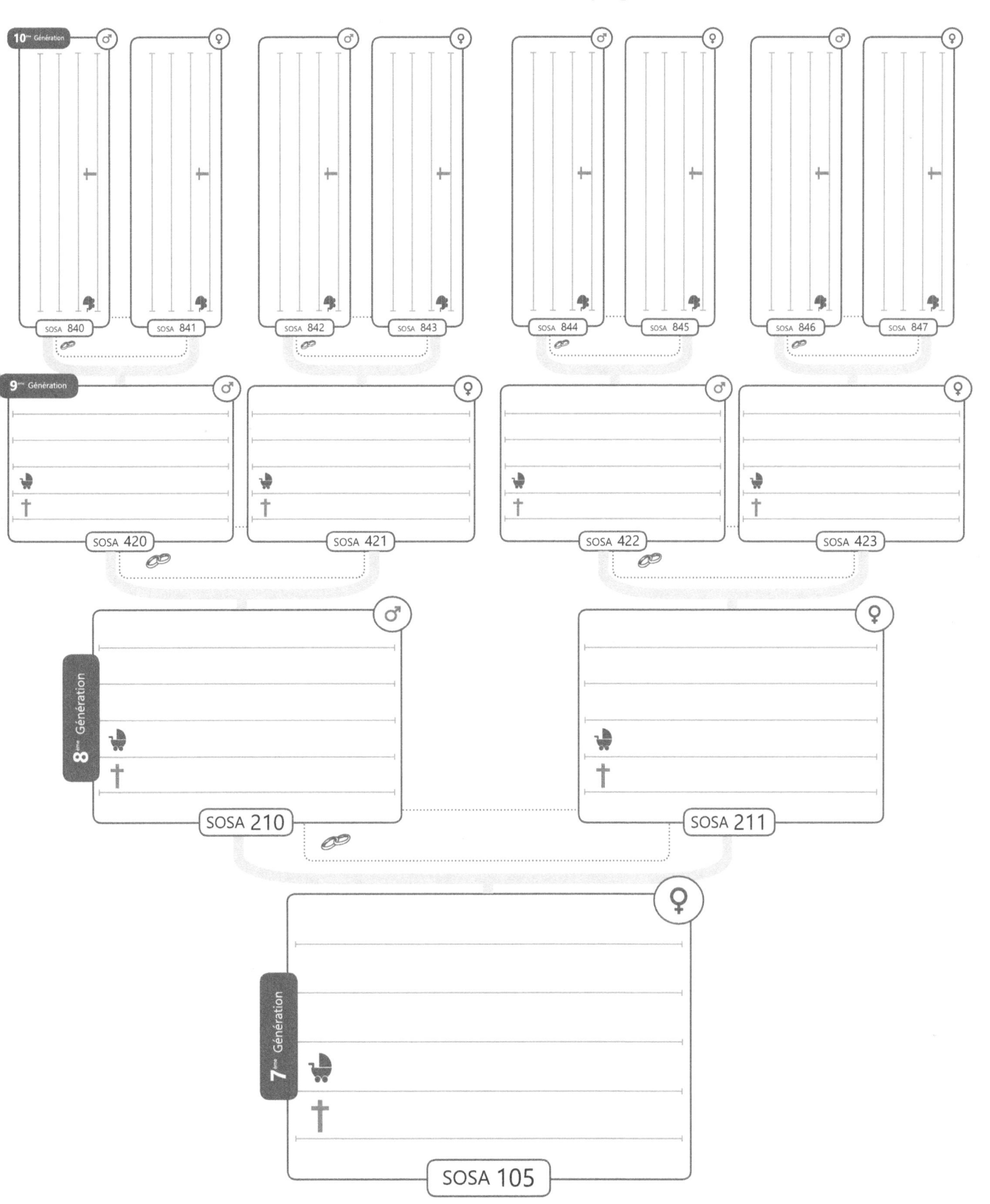

ASCENDANCE MATERNELLE du SOSA 052 (voir page n° 104)

10ème Génération

| SOSA 840 | SOSA 841 | SOSA 842 | SOSA 843 | SOSA 844 | SOSA 845 | SOSA 846 | SOSA 847 |

9ème Génération

| SOSA 420 | SOSA 421 | SOSA 422 | SOSA 423 |

8ème Génération

| SOSA 210 | SOSA 211 |

7ème Génération

SOSA 105

Naissance † Décès ⚭ Union

159

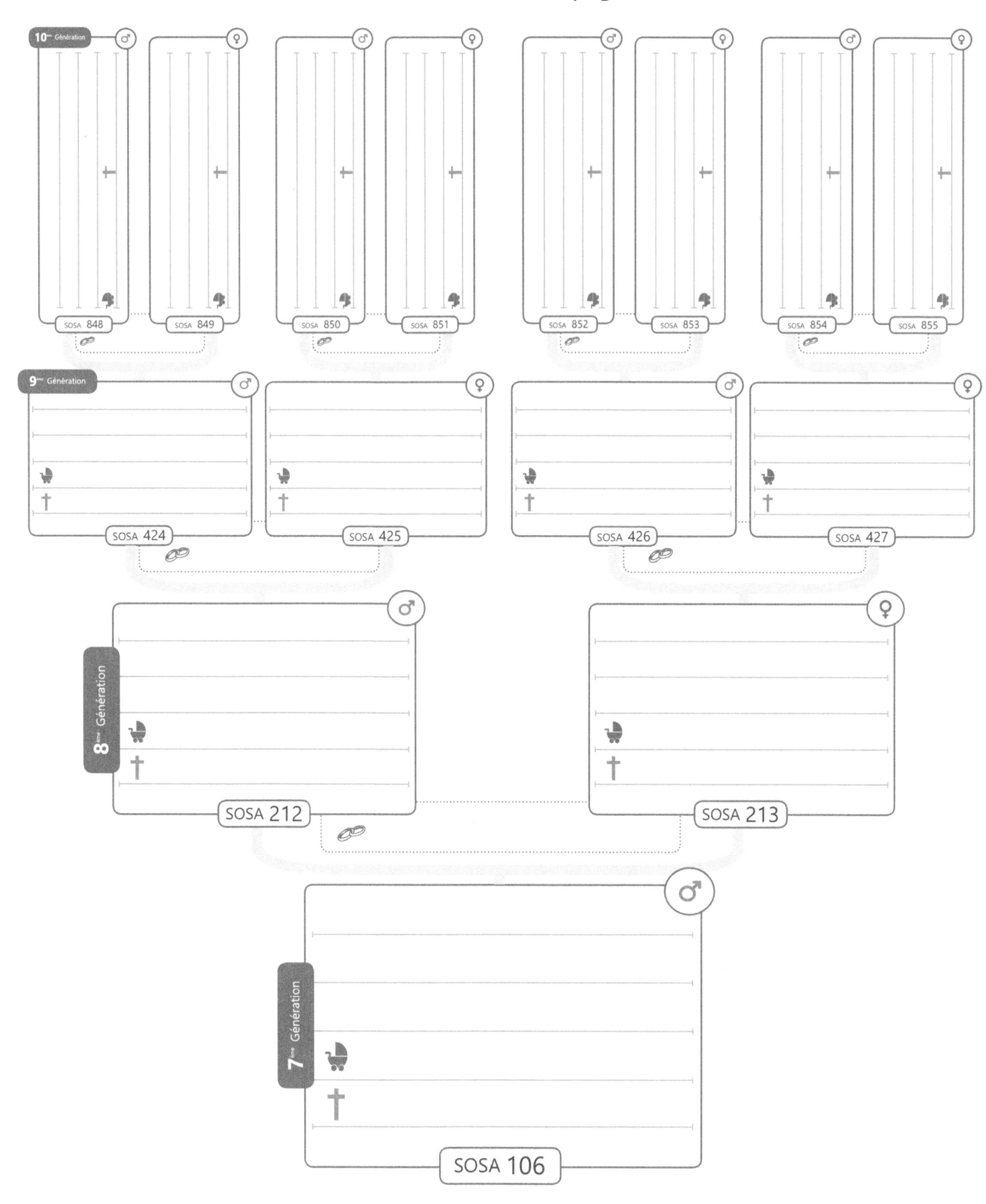

ASCENDANCE PATERNELLE du SOSA 053 (voir page n° 105)

10ème Génération

- SOSA 848 ♂
- SOSA 849 ♀
- SOSA 850 ♂
- SOSA 851 ♀
- SOSA 852 ♂
- SOSA 853 ♀
- SOSA 854 ♂
- SOSA 855 ♀

9ème Génération

- SOSA 424 ♂
- SOSA 425 ♀
- SOSA 426 ♂
- SOSA 427 ♀

8ème Génération

- SOSA 212 ♂
- SOSA 213 ♀

7ème Génération

- SOSA 106 ♂

Naissance † Décès ⚭ Union

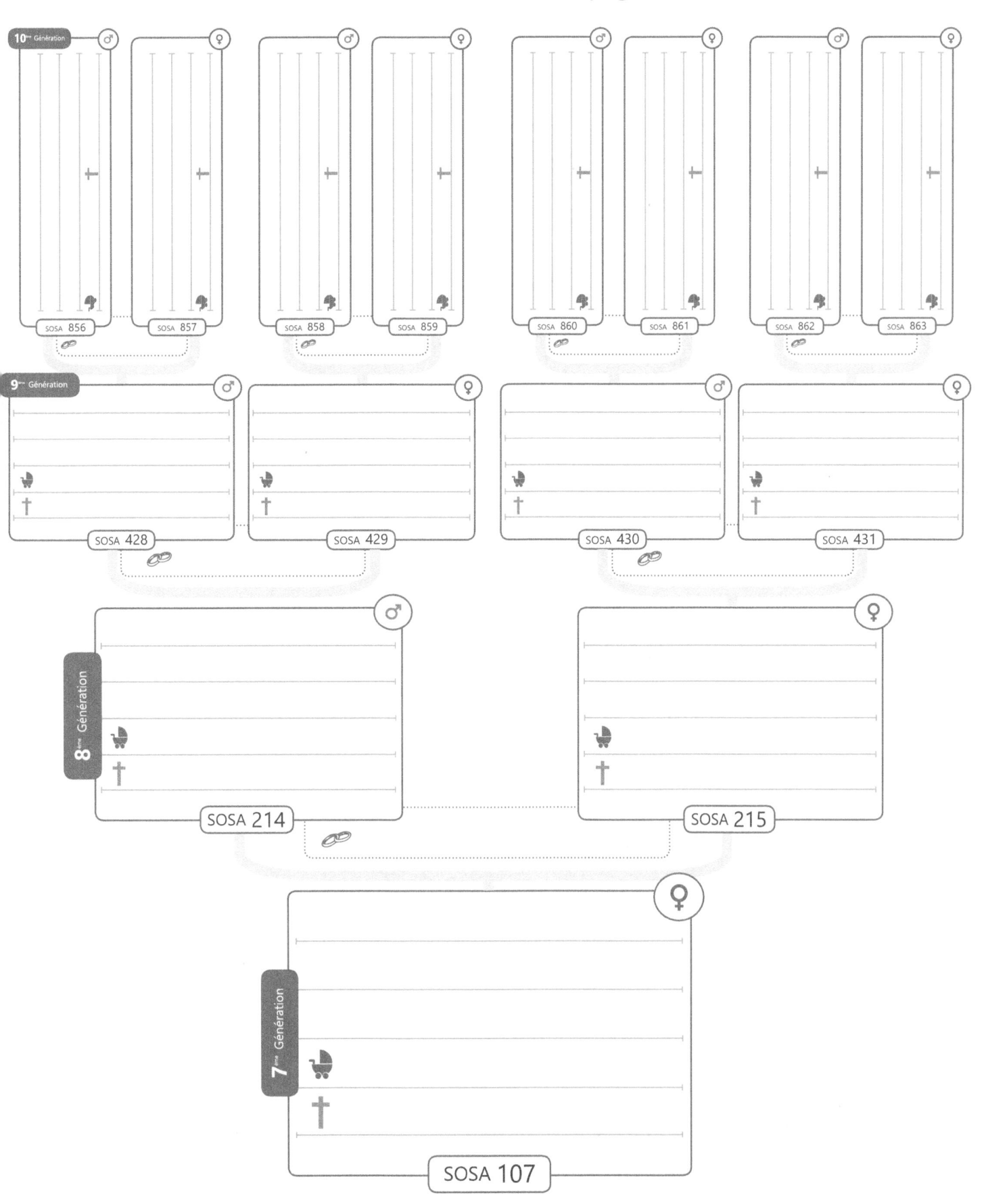

ASCENDANCE MATERNELLE du SOSA 053 (voir page n° 105)

10ème Génération

- ♂ SOSA 856
- ♀ SOSA 857
- ♂ SOSA 858
- ♀ SOSA 859
- ♂ SOSA 860
- ♀ SOSA 861
- ♂ SOSA 862
- ♀ SOSA 863

9ème Génération

- ♂ SOSA 428
- ♀ SOSA 429
- ♂ SOSA 430
- ♀ SOSA 431

8ème Génération

- ♂ SOSA 214
- ♀ SOSA 215

7ème Génération

- ♀ SOSA 107

Naissance † Décès ⚭ Union

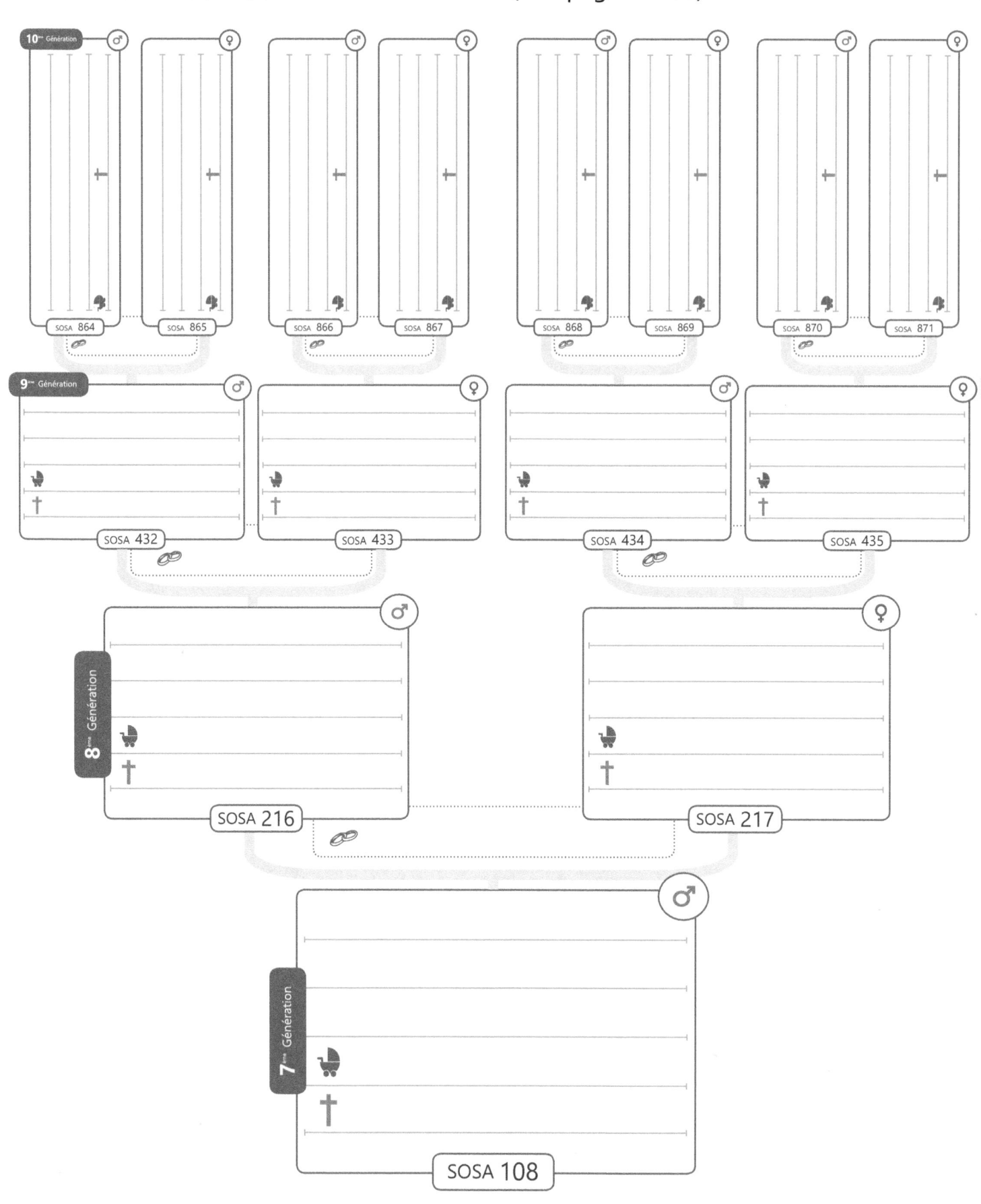

ASCENDANCE PATERNELLE du SOSA 054 (voir page n° 106)

10ème Génération

- SOSA 864 ♂
- SOSA 865 ♀
- SOSA 866 ♂
- SOSA 867 ♀
- SOSA 868 ♂
- SOSA 869 ♀
- SOSA 870 ♂
- SOSA 871 ♀

9ème Génération

- SOSA 432 ♂
- SOSA 433 ♀
- SOSA 434 ♂
- SOSA 435 ♀

8ème Génération

- SOSA 216 ♂
- SOSA 217 ♀

7ème Génération

- SOSA 108 ♂

Naissance † Décès ⚭ Union

ASCENDANCE MATERNELLE du SOSA 054 (voir page n° 106)

10ème Génération

- ♂ SOSA 872
- ♀ SOSA 873
- ♂ SOSA 874
- ♀ SOSA 875
- ♂ SOSA 876
- ♀ SOSA 877
- ♂ SOSA 878
- ♀ SOSA 879

9ème Génération

- ♂ SOSA 436
- ♀ SOSA 437
- ♂ SOSA 438
- ♀ SOSA 439

8ème Génération

- ♂ SOSA 218
- ♀ SOSA 219

7ème Génération

- ♀ SOSA 109

Naissance † Décès ∞ Union

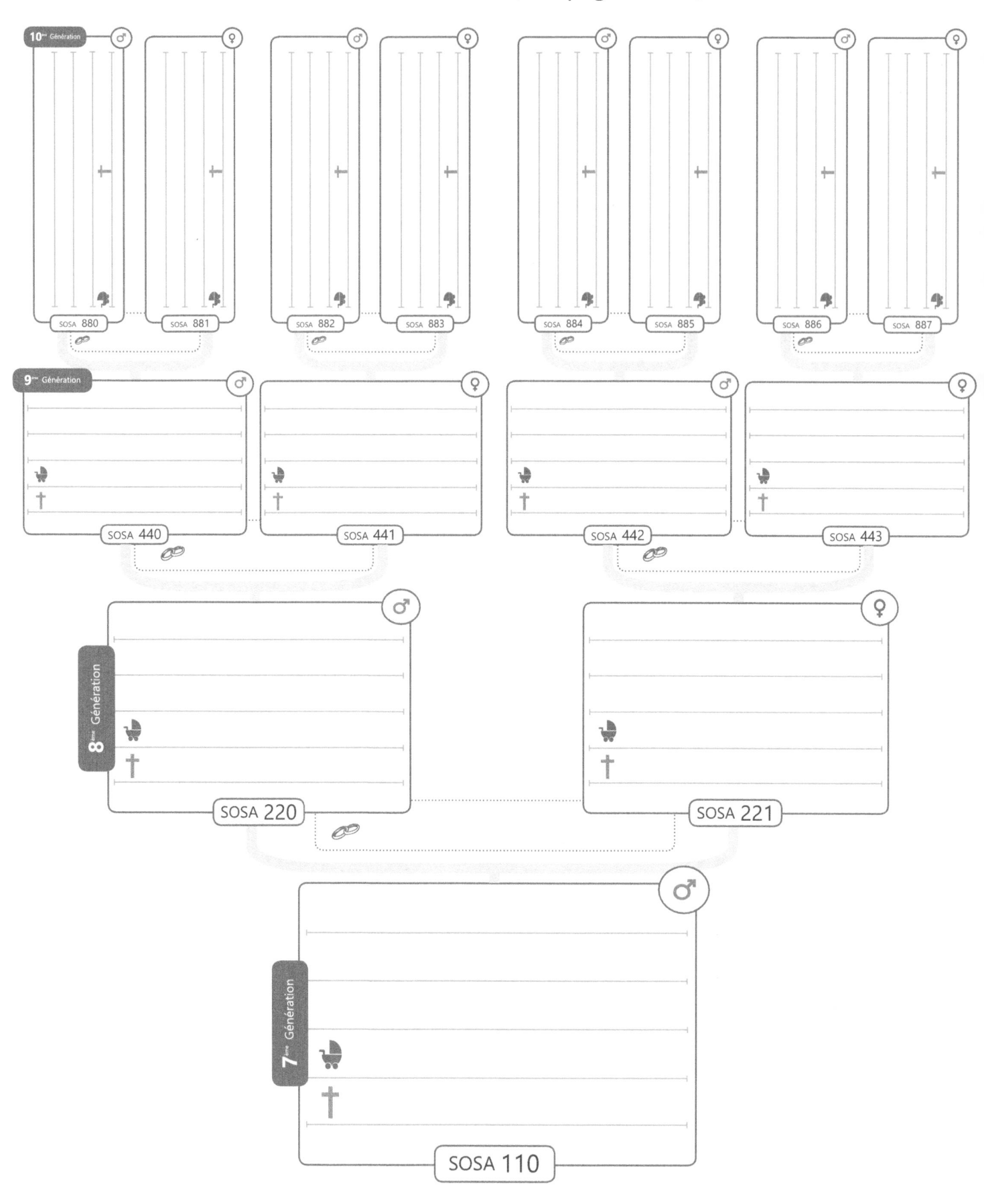

ASCENDANCE PATERNELLE du SOSA 055 (voir page n° 107)

10ème Génération

- SOSA 880 ♂
- SOSA 881 ♀
- SOSA 882 ♂
- SOSA 883 ♀
- SOSA 884 ♂
- SOSA 885 ♀
- SOSA 886 ♂
- SOSA 887 ♀

9ème Génération

- SOSA 440 ♂
- SOSA 441 ♀
- SOSA 442 ♂
- SOSA 443 ♀

8ème Génération

- SOSA 220 ♂
- SOSA 221 ♀

7ème Génération

- SOSA 110 ♂

Naissance † Décès ⚭ Union

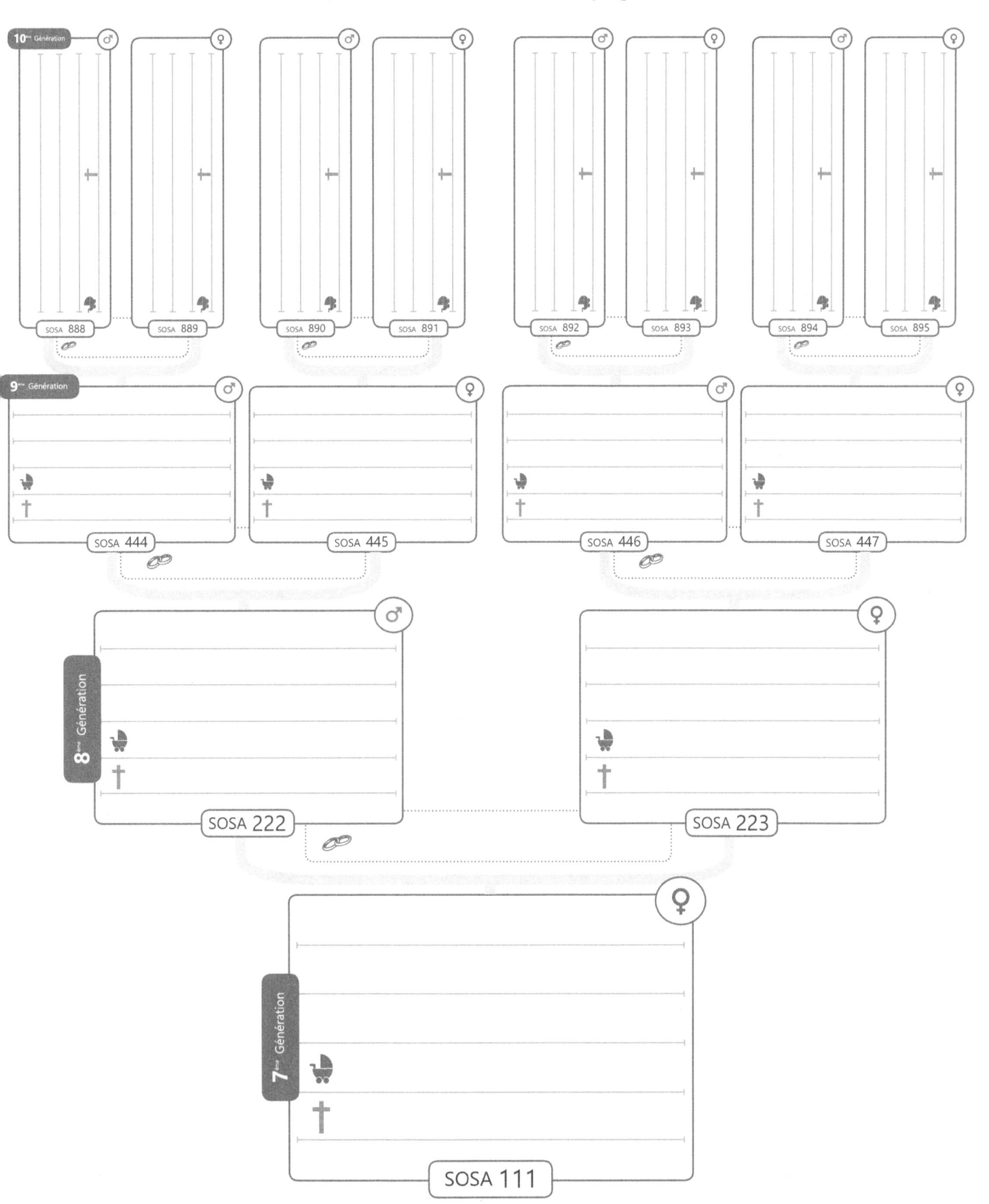

ASCENDANCE MATERNELLE du SOSA 055 (voir page n° 107)

10ème Génération

- SOSA 888 ♂
- SOSA 889 ♀
- SOSA 890 ♂
- SOSA 891 ♀
- SOSA 892 ♂
- SOSA 893 ♀
- SOSA 894 ♂
- SOSA 895 ♀

9ème Génération

- SOSA 444 ♂
- SOSA 445 ♀
- SOSA 446 ♂
- SOSA 447 ♀

8ème Génération

- SOSA 222 ♂
- SOSA 223 ♀

7ème Génération

- SOSA 111 ♀

Naissance † Décès ∞ Union

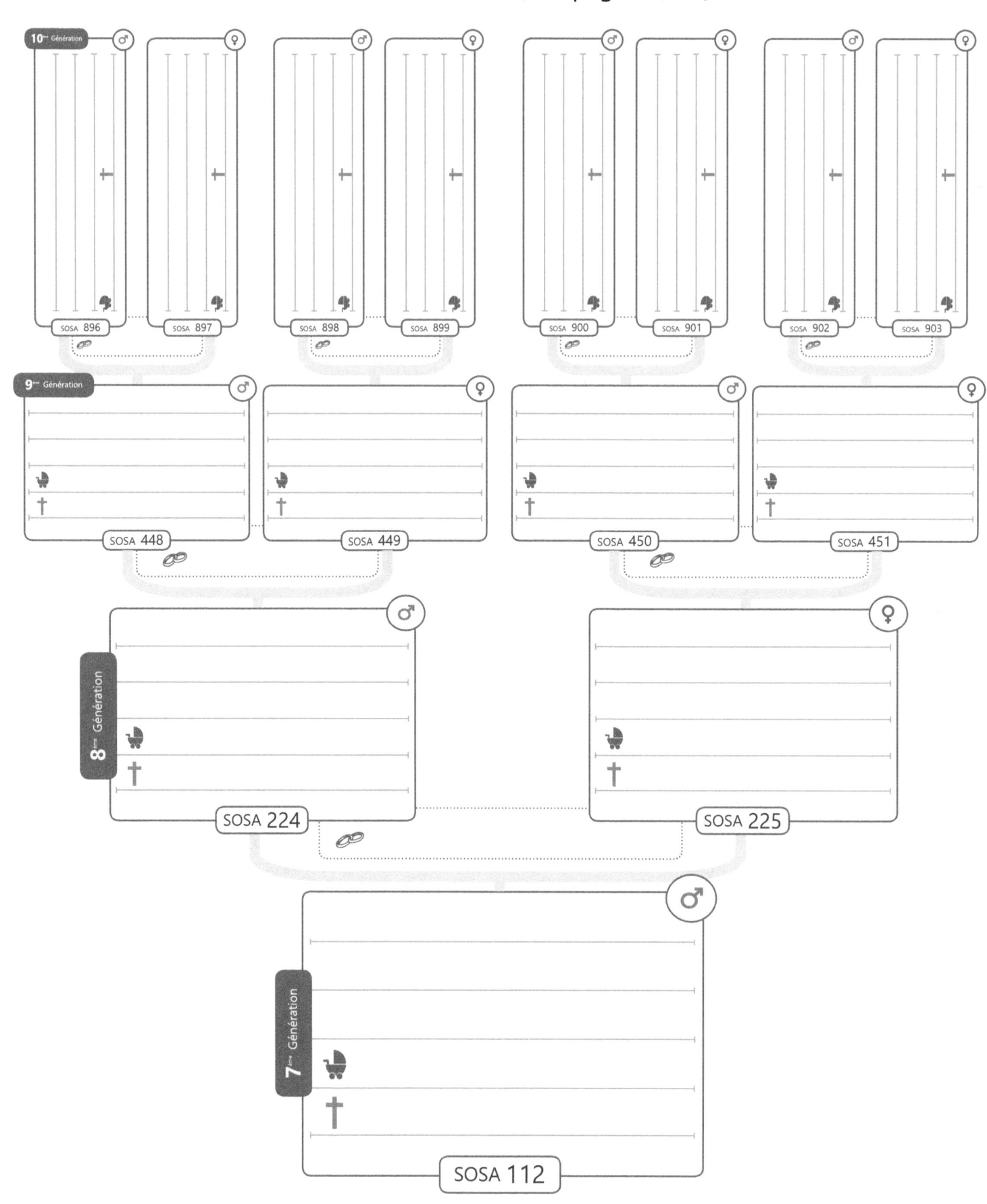

ASCENDANCE PATERNELLE du SOSA 056 (voir page n° 108)

10ème Génération

SOSA 896 — SOSA 897 — SOSA 898 — SOSA 899 — SOSA 900 — SOSA 901 — SOSA 902 — SOSA 903

9ème Génération

SOSA 448 — SOSA 449 — SOSA 450 — SOSA 451

8ème Génération

SOSA 224 — SOSA 225

7ème Génération

SOSA 112

Naissance † Décès ⚭ Union

166

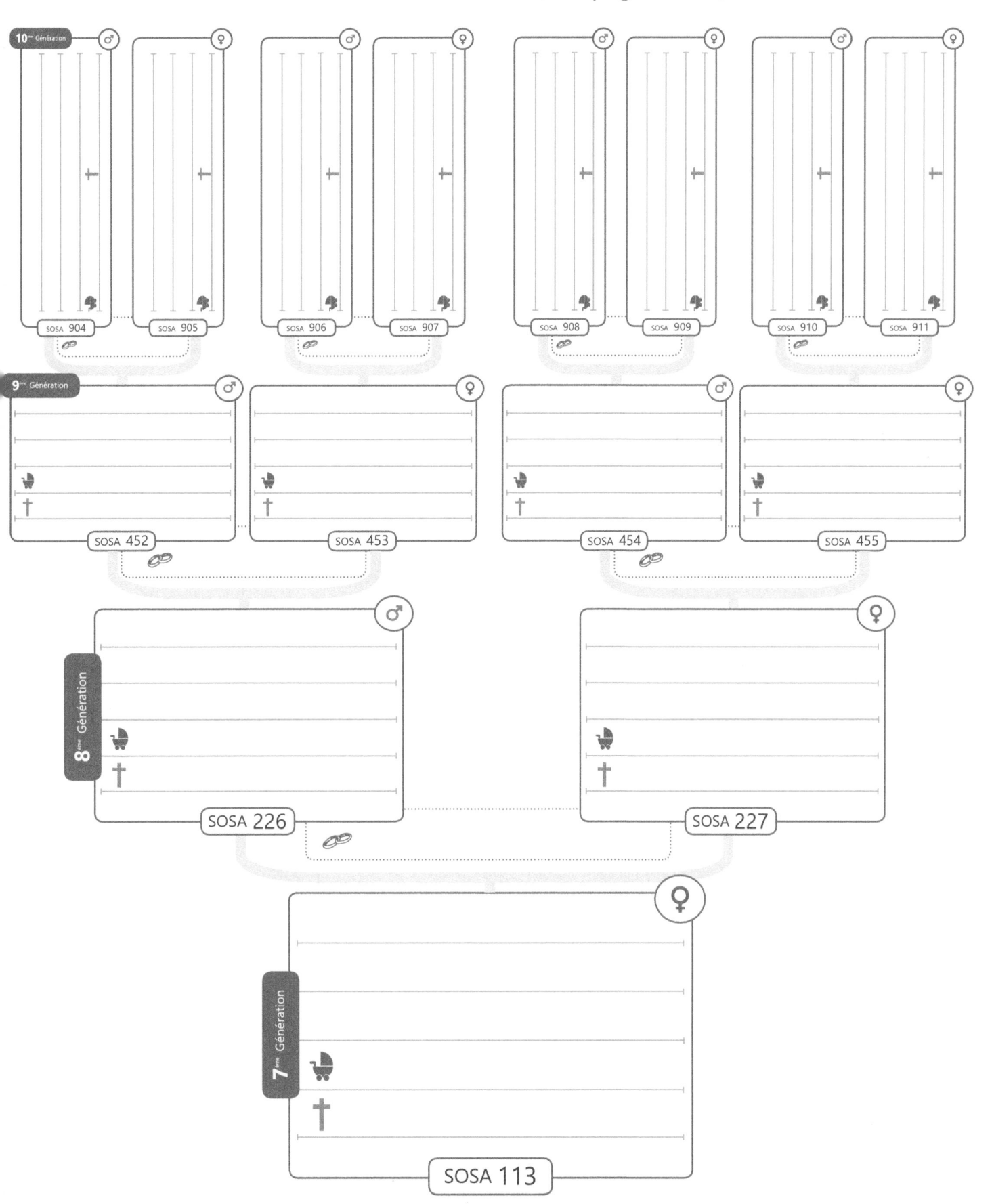

ASCENDANCE MATERNELLE du SOSA 056 (voir page n° 108)

10ème Génération

- ♂ SOSA 904
- ♀ SOSA 905
- ♂ SOSA 906
- ♀ SOSA 907
- ♂ SOSA 908
- ♀ SOSA 909
- ♂ SOSA 910
- ♀ SOSA 911

9ème Génération

- ♂ SOSA 452
- ♀ SOSA 453
- ♂ SOSA 454
- ♀ SOSA 455

8ème Génération

- ♂ SOSA 226
- ♀ SOSA 227

7ème Génération

- ♀ SOSA 113

Naissance † Décès ⚭ Union

167

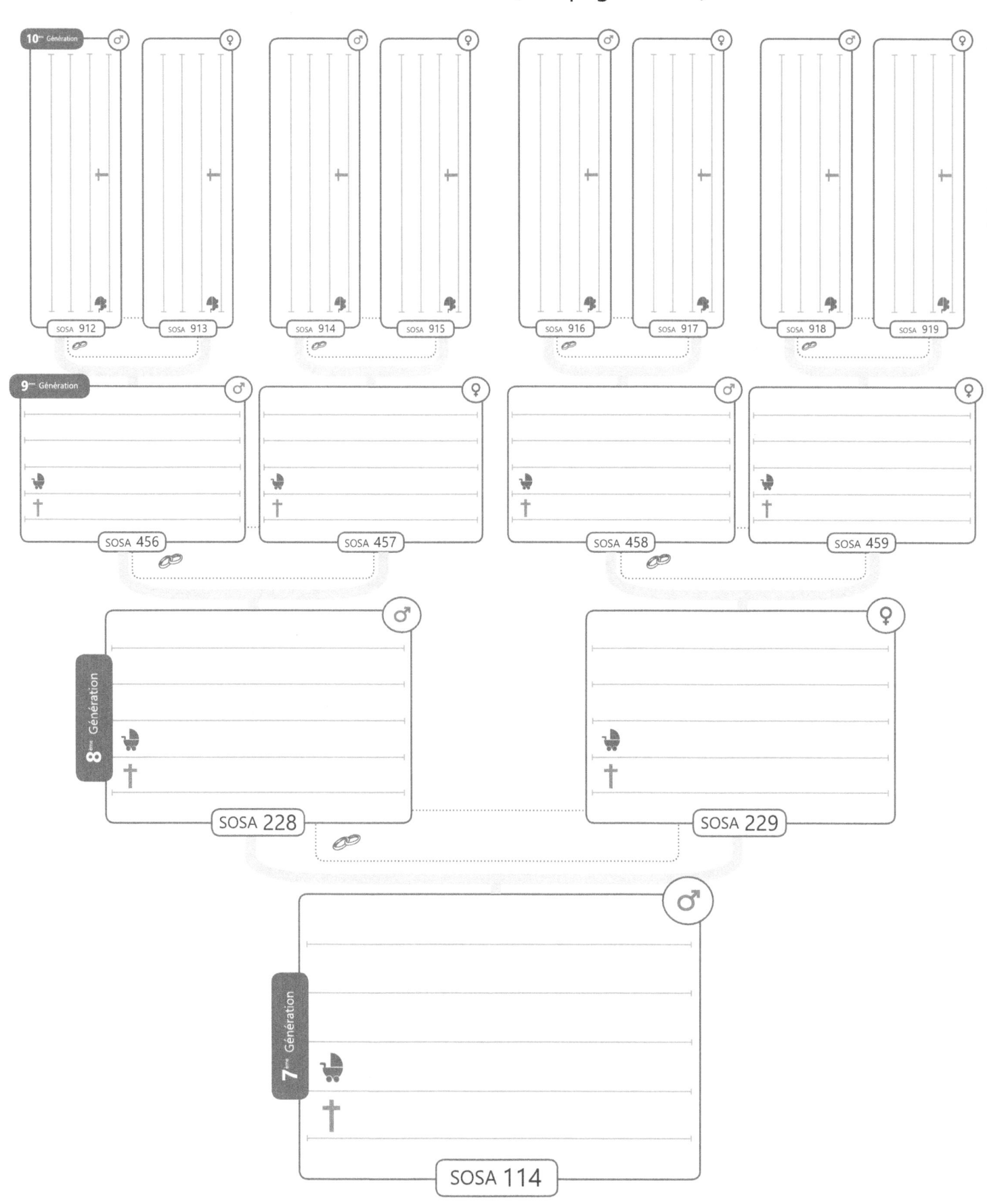

ASCENDANCE PATERNELLE du SOSA 057 (voir page n° 109)

10ème Génération

- SOSA 912 ♂
- SOSA 913 ♀
- SOSA 914 ♂
- SOSA 915 ♀
- SOSA 916 ♂
- SOSA 917 ♀
- SOSA 918 ♂
- SOSA 919 ♀

9ème Génération

- SOSA 456 ♂
- SOSA 457 ♀
- SOSA 458 ♂
- SOSA 459 ♀

8ème Génération

- SOSA 228 ♂
- SOSA 229 ♀

7ème Génération

- SOSA 114 ♂

Naissance †Décès Union

168

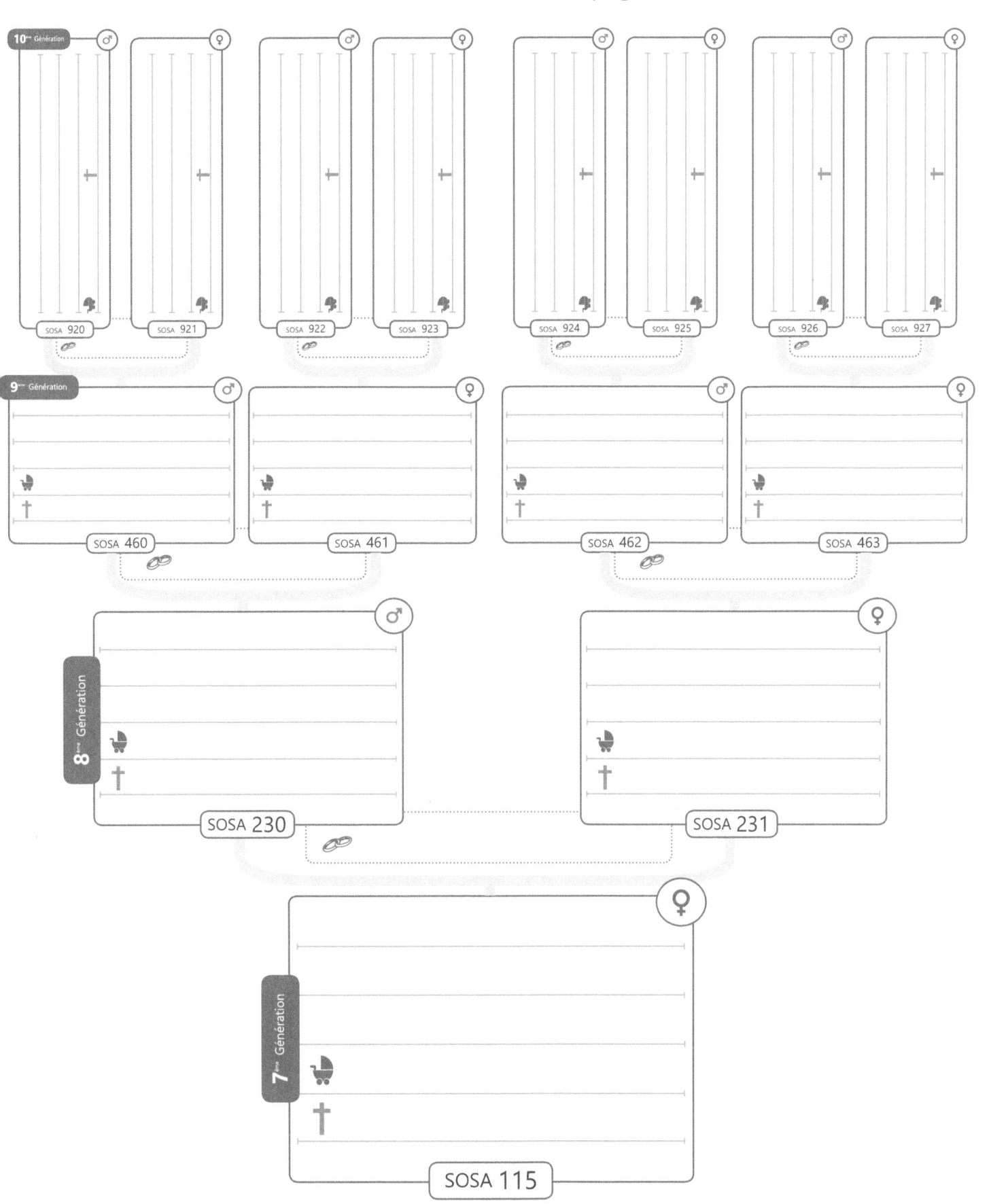

ASCENDANCE MATERNELLE du SOSA 057 (voir page n° 109)

10ème Génération

- SOSA 920 (♂)
- SOSA 921 (♀)
- SOSA 922 (♂)
- SOSA 923 (♀)
- SOSA 924 (♂)
- SOSA 925 (♀)
- SOSA 926 (♂)
- SOSA 927 (♀)

9ème Génération

- SOSA 460 (♂)
- SOSA 461 (♀)
- SOSA 462 (♂)
- SOSA 463 (♀)

8ème Génération

- SOSA 230 (♂)
- SOSA 231 (♀)

7ème Génération

- SOSA 115 (♀)

🍼 Naissance † Décès 💍 Union

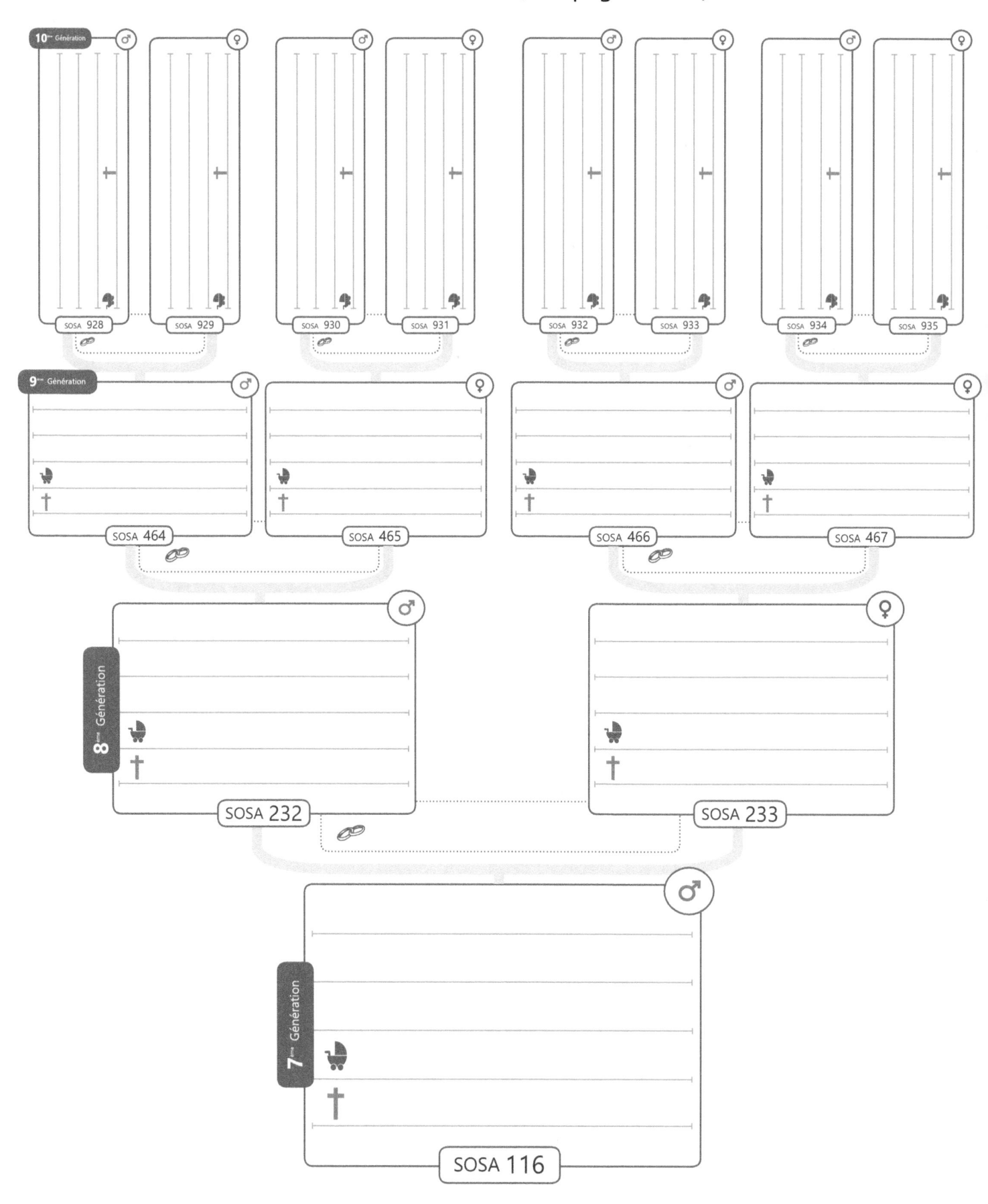

ASCENDANCE PATERNELLE du SOSA 058 (voir page n° 110)

10ème Génération

- SOSA 928
- SOSA 929
- SOSA 930
- SOSA 931
- SOSA 932
- SOSA 933
- SOSA 934
- SOSA 935

9ème Génération

- SOSA 464
- SOSA 465
- SOSA 466
- SOSA 467

8ème Génération

- SOSA 232
- SOSA 233

7ème Génération

- SOSA 116

Naissance †Décès Union

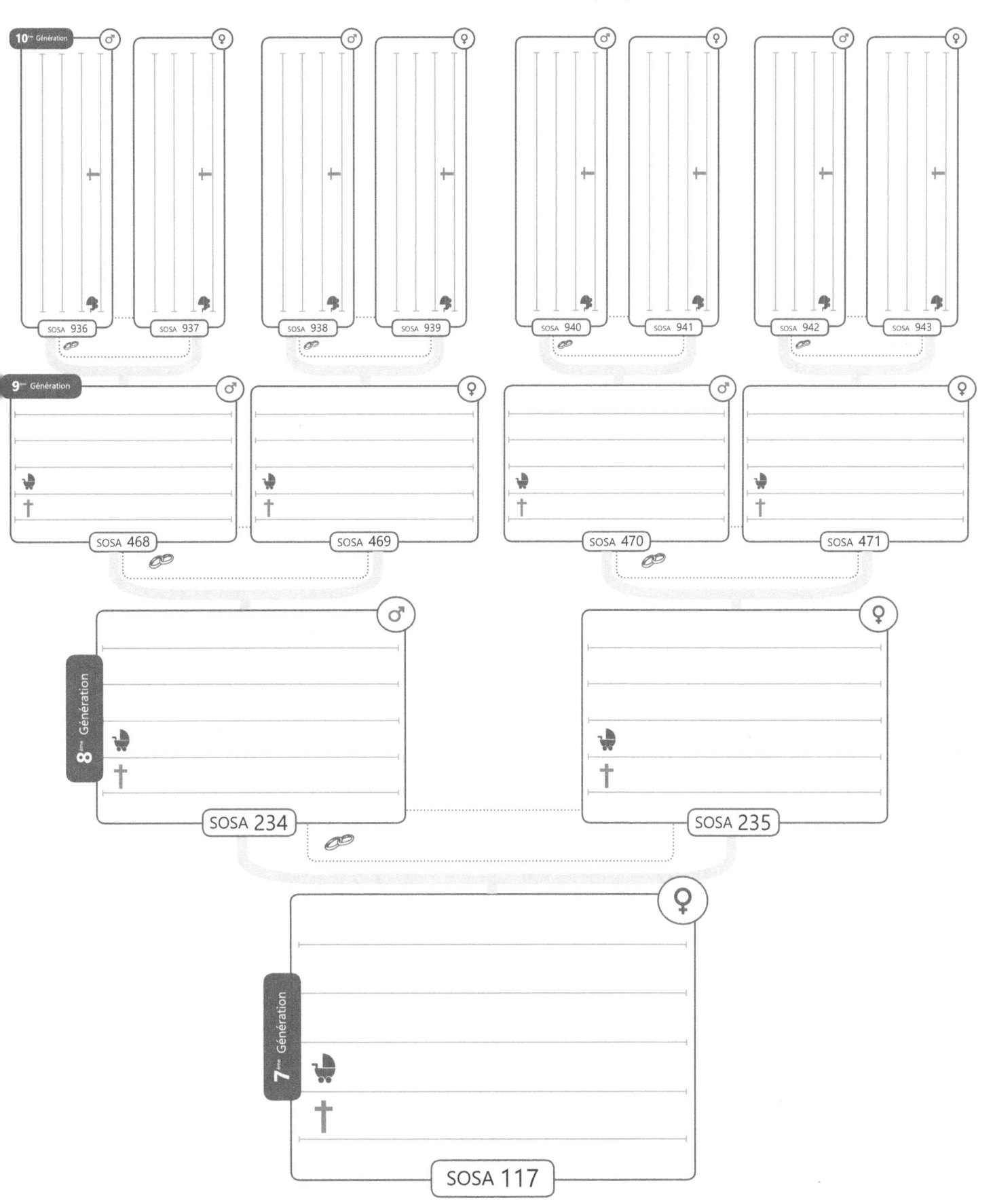

ASCENDANCE MATERNELLE du SOSA 058 (voir page n° 110)

10ème Génération

♂ SOSA 936 — ♀ SOSA 937 — ♂ SOSA 938 — ♀ SOSA 939 — ♂ SOSA 940 — ♀ SOSA 941 — ♂ SOSA 942 — ♀ SOSA 943

9ème Génération

♂ SOSA 468 — ♀ SOSA 469 — ♂ SOSA 470 — ♀ SOSA 471

8ème Génération

♂ SOSA 234 — ♀ SOSA 235

7ème Génération

♀ SOSA 117

Naissance † Décès ∞ Union

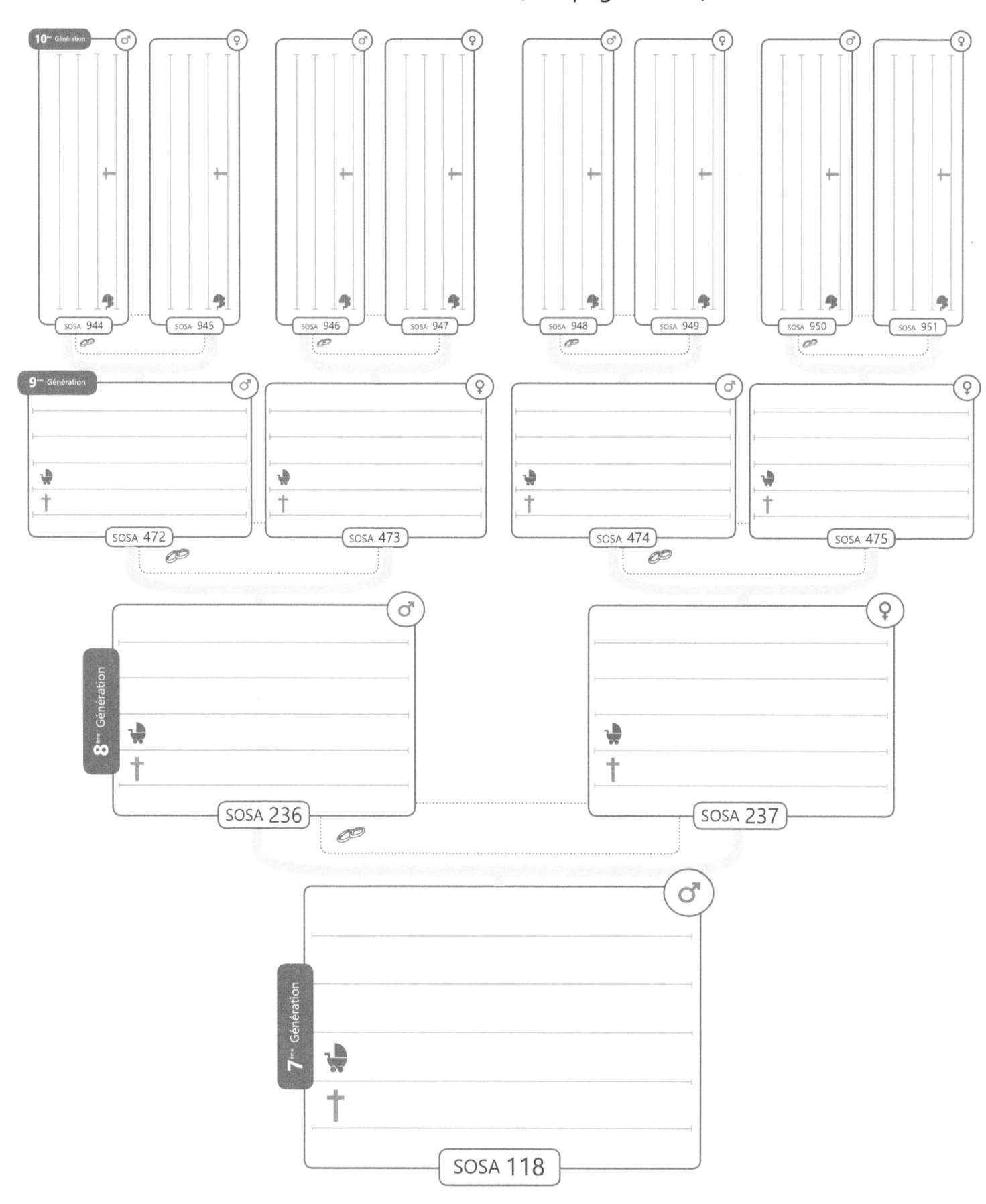

ASCENDANCE PATERNELLE du SOSA 059 (voir page n° 111)

10ème Génération

SOSA 944 — SOSA 945
SOSA 946 — SOSA 947
SOSA 948 — SOSA 949
SOSA 950 — SOSA 951

9ème Génération

SOSA 472 — SOSA 473
SOSA 474 — SOSA 475

8ème Génération

SOSA 236 — SOSA 237

7ème Génération

SOSA 118

Naissance † Décès ∞ Union

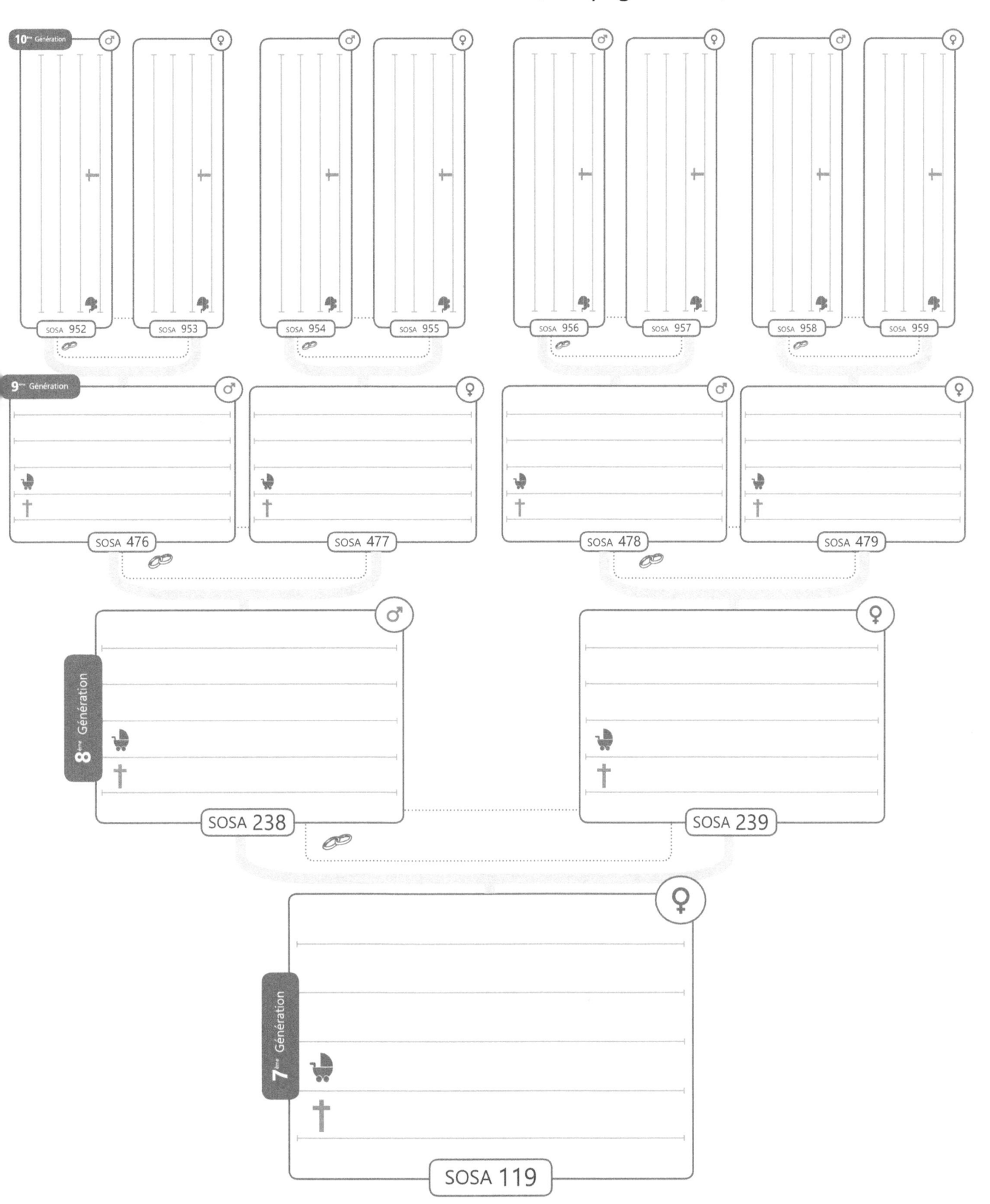

ASCENDANCE MATERNELLE du SOSA 059 (voir page n° 111)

10ème Génération

- ♂ SOSA 952
- ♀ SOSA 953
- ♂ SOSA 954
- ♀ SOSA 955
- ♂ SOSA 956
- ♀ SOSA 957
- ♂ SOSA 958
- ♀ SOSA 959

9ème Génération

- ♂ SOSA 476
- ♀ SOSA 477
- ♂ SOSA 478
- ♀ SOSA 479

8ème Génération

- ♂ SOSA 238
- ♀ SOSA 239

7ème Génération

- ♀ SOSA 119

Naissance † Décès ⚭ Union

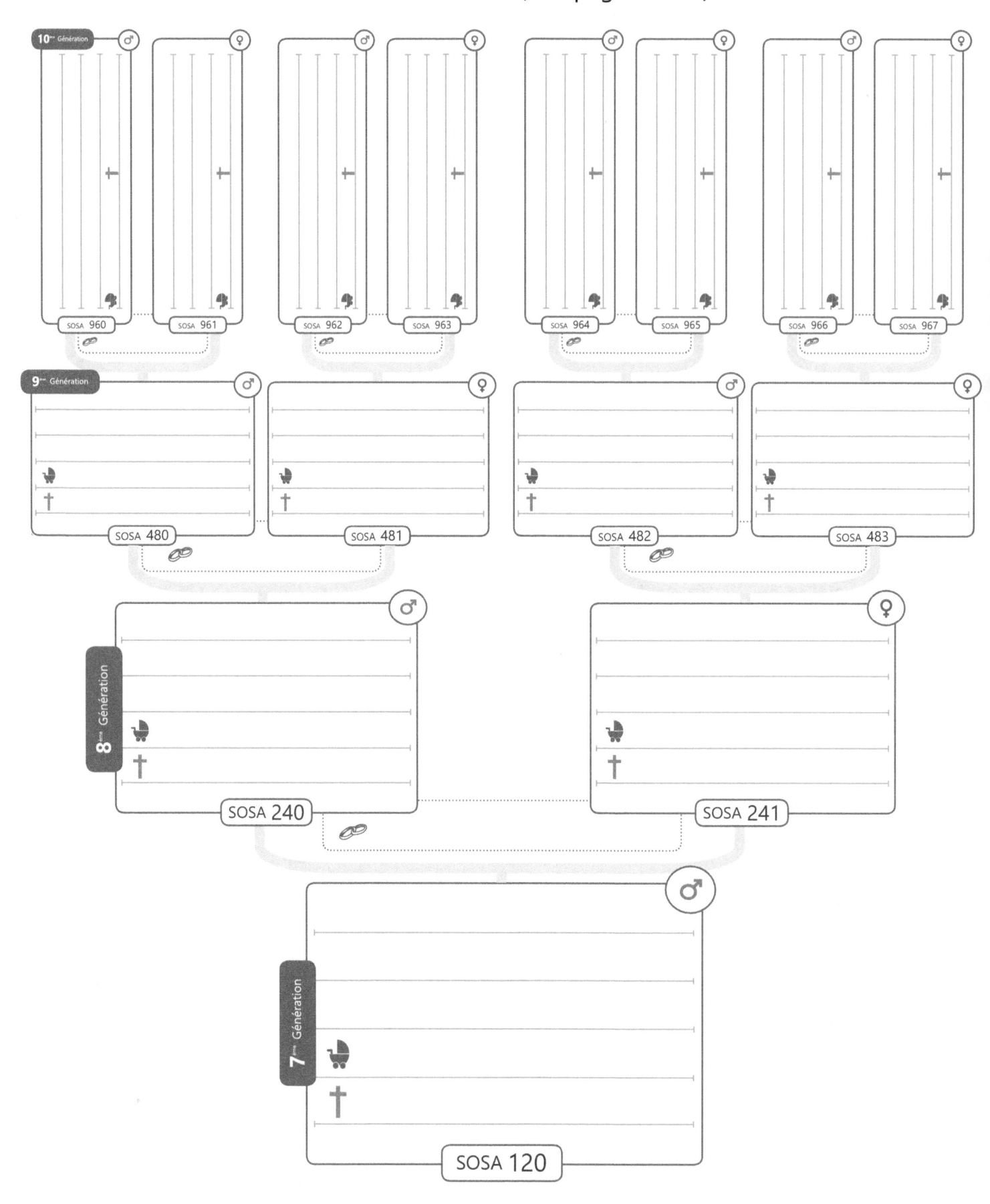

ASCENDANCE PATERNELLE du SOSA 060 (voir page n° 112)

10ème Génération

- SOSA 960 ♂
- SOSA 961 ♀
- SOSA 962 ♂
- SOSA 963 ♀
- SOSA 964 ♂
- SOSA 965 ♀
- SOSA 966 ♂
- SOSA 967 ♀

9ème Génération

- SOSA 480 ♂
- SOSA 481 ♀
- SOSA 482 ♂
- SOSA 483 ♀

8ème Génération

- SOSA 240 ♂
- SOSA 241 ♀

7ème Génération

- SOSA 120 ♂

Naissance † Décès ⚭ Union

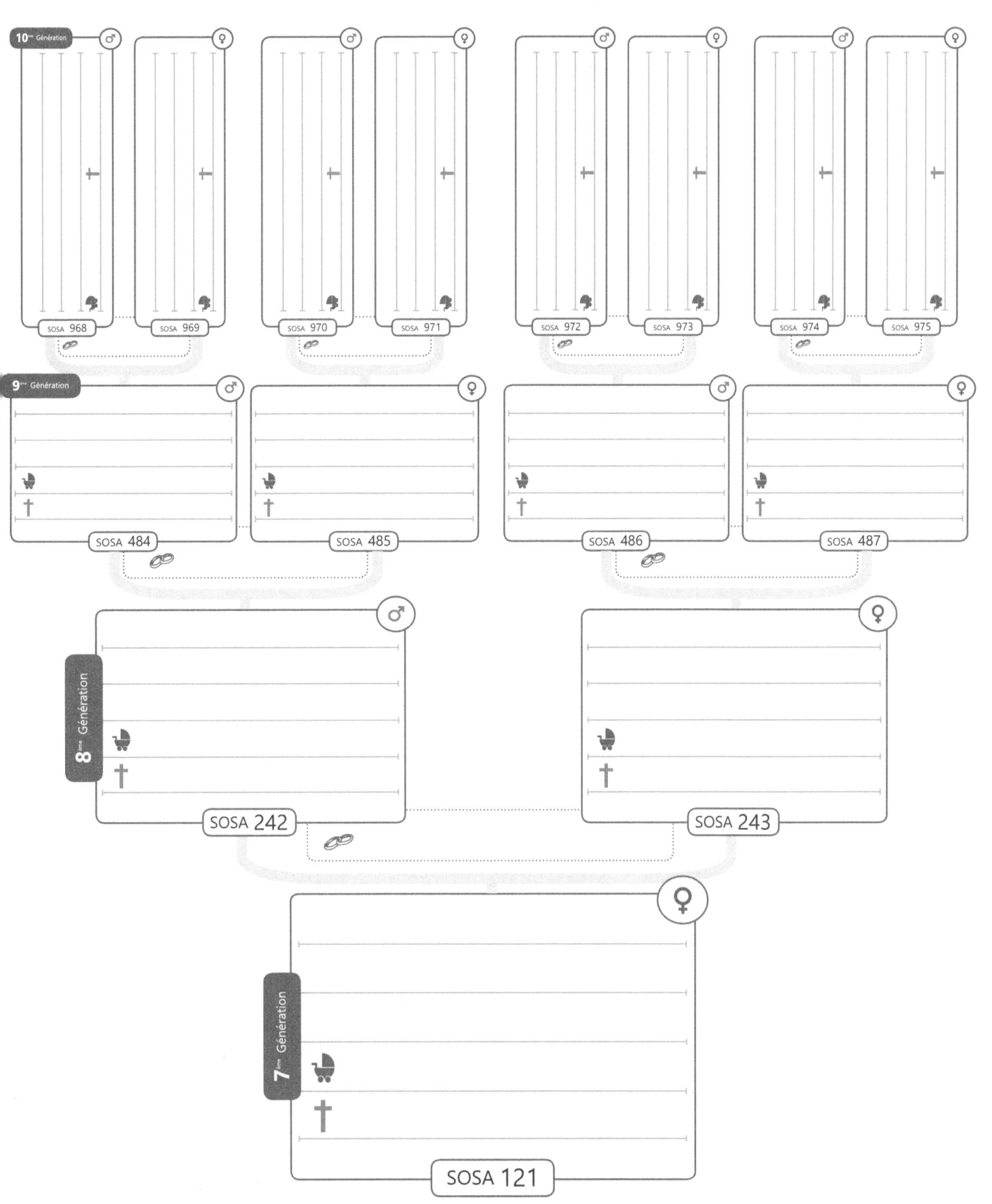

ASCENDANCE MATERNELLE du SOSA 060 (voir page n° 112)

10ème Génération

- ♂ SOSA 968
- ♀ SOSA 969
- ♂ SOSA 970
- ♀ SOSA 971
- ♂ SOSA 972
- ♀ SOSA 973
- ♂ SOSA 974
- ♀ SOSA 975

9ème Génération

- ♂ SOSA 484
- ♀ SOSA 485
- ♂ SOSA 486
- ♀ SOSA 487

8ème Génération

- ♂ SOSA 242
- ♀ SOSA 243

7ème Génération

- ♀ SOSA 121

Naissance † Décès ⚭ Union

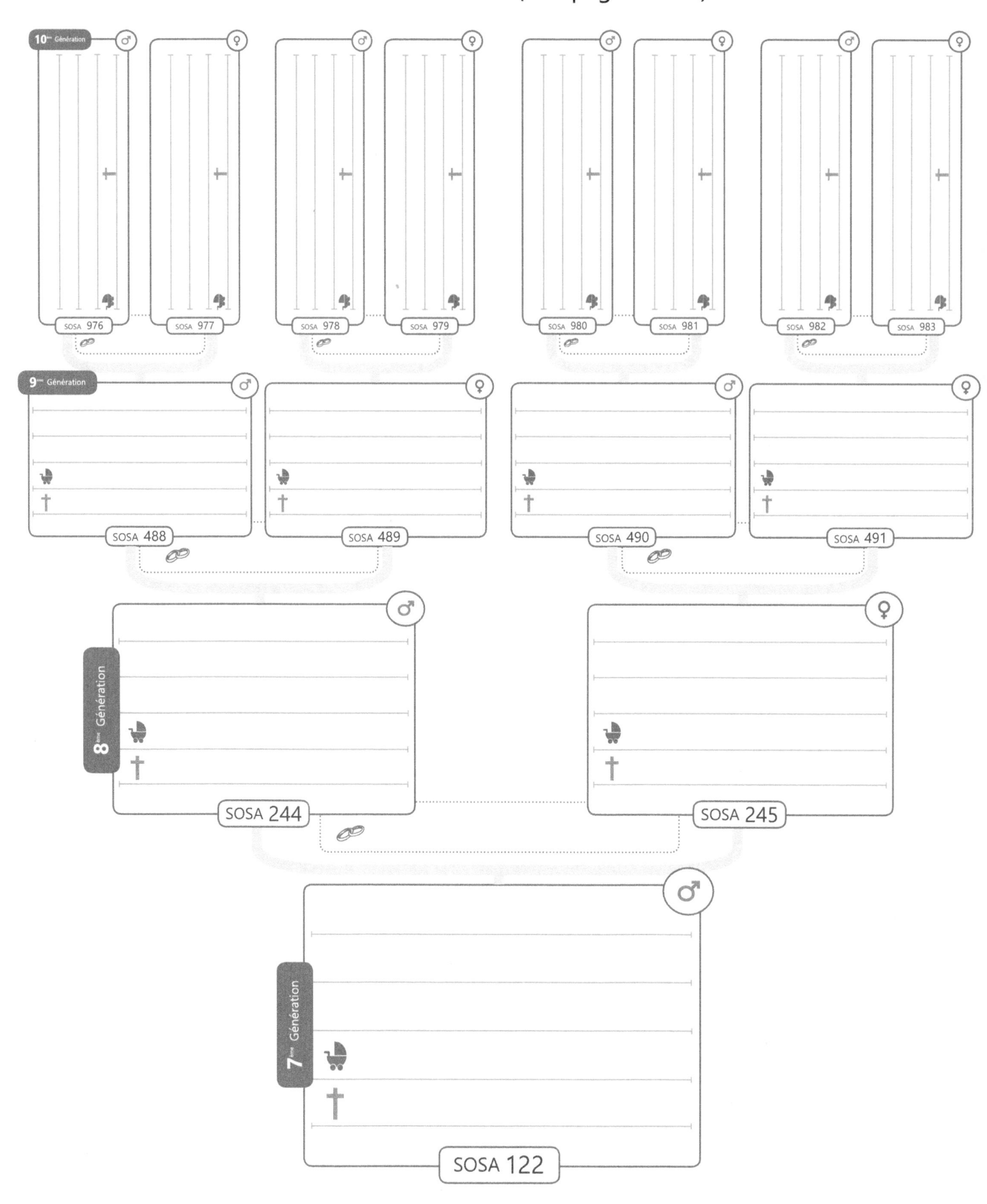

ASCENDANCE PATERNELLE du SOSA 061 (voir page n° 113)

10ème Génération

- SOSA 976 ♂
- SOSA 977 ♀
- SOSA 978 ♂
- SOSA 979 ♀
- SOSA 980 ♂
- SOSA 981 ♀
- SOSA 982 ♂
- SOSA 983 ♀

9ème Génération

- SOSA 488 ♂
- SOSA 489 ♀
- SOSA 490 ♂
- SOSA 491 ♀

8ème Génération

- SOSA 244 ♂
- SOSA 245 ♀

7ème Génération

- SOSA 122 ♂

Naissance † Décès ⚭ Union

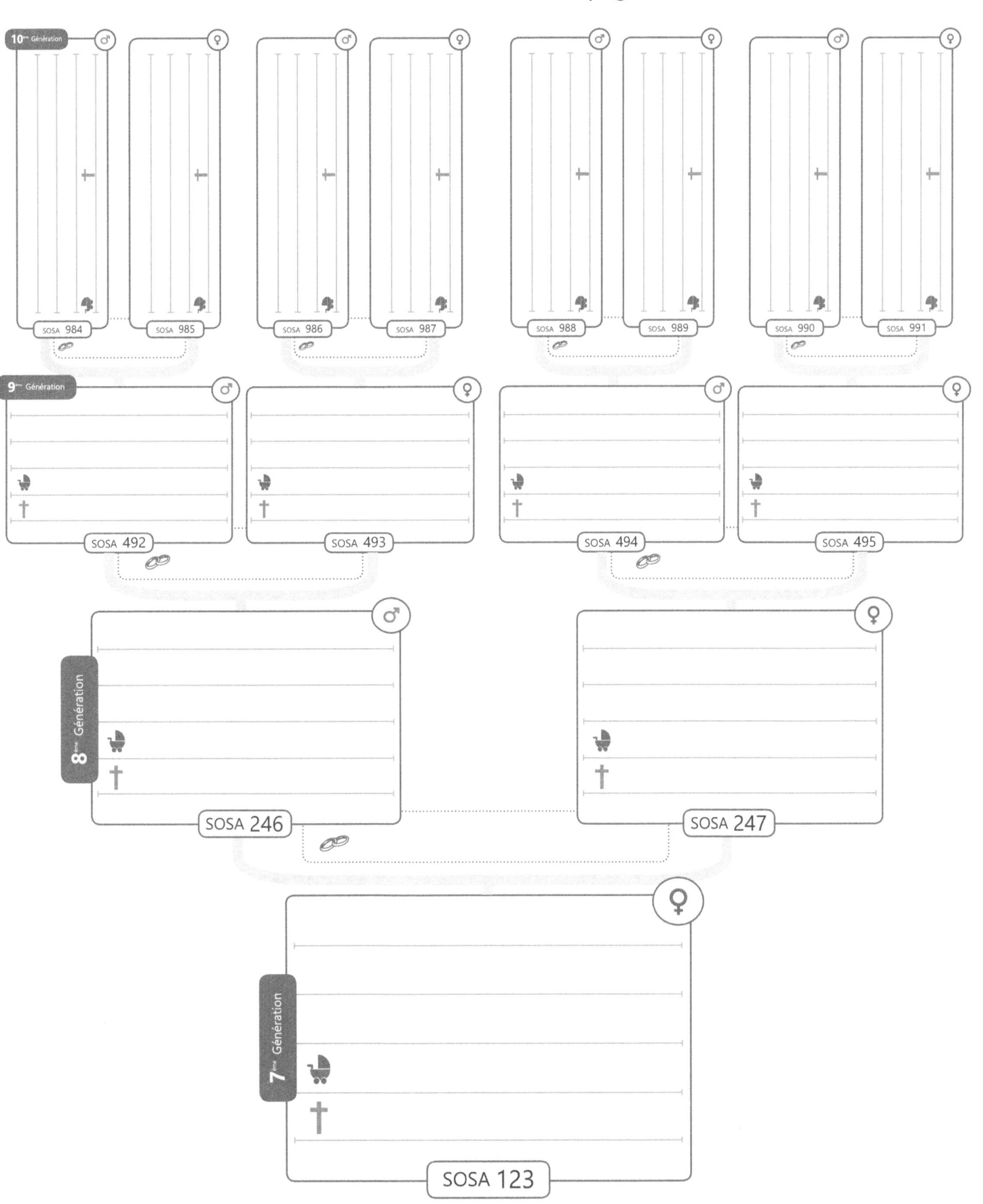

ASCENDANCE MATERNELLE du SOSA **061** (voir page n° 113)

10ème Génération

♂ SOSA 984 — ♀ SOSA 985
♂ SOSA 986 — ♀ SOSA 987
♂ SOSA 988 — ♀ SOSA 989
♂ SOSA 990 — ♀ SOSA 991

9ème Génération

♂ SOSA 492 — ♀ SOSA 493
♂ SOSA 494 — ♀ SOSA 495

8ème Génération

♂ SOSA 246 — ♀ SOSA 247

7ème Génération

♀ SOSA 123

Naissance † Décès ⚭ Union

177

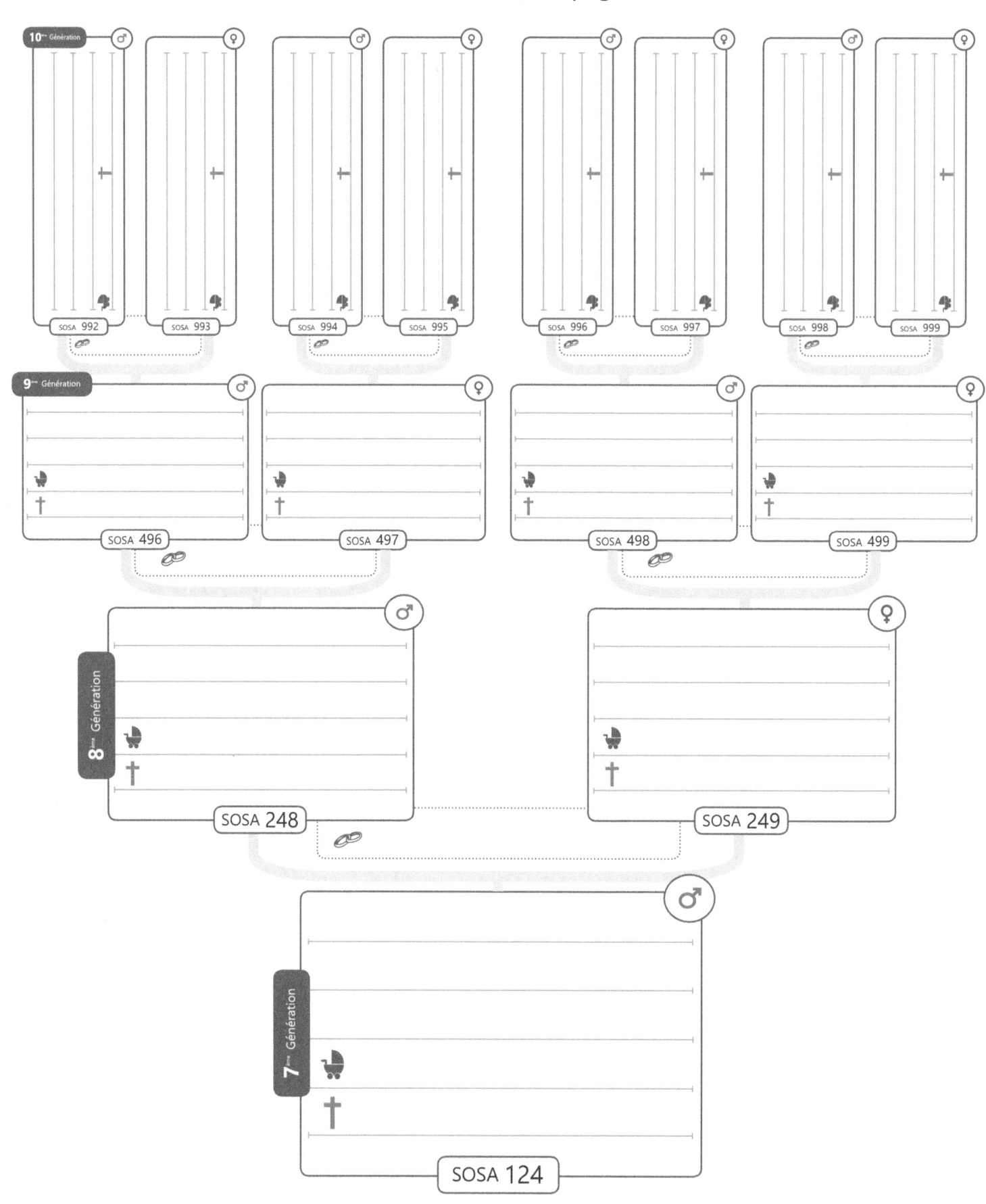

ASCENDANCE PATERNELLE du SOSA 062 (voir page n° 114)

10ème Génération

- ♂ SOSA 992
- ♀ SOSA 993
- ♂ SOSA 994
- ♀ SOSA 995
- ♂ SOSA 996
- ♀ SOSA 997
- ♂ SOSA 998
- ♀ SOSA 999

9ème Génération

- ♂ SOSA 496
- ♀ SOSA 497
- ♂ SOSA 498
- ♀ SOSA 499

8ème Génération

- ♂ SOSA 248
- ♀ SOSA 249

7ème Génération

- ♂ SOSA 124

Naissance †Décès Union

178

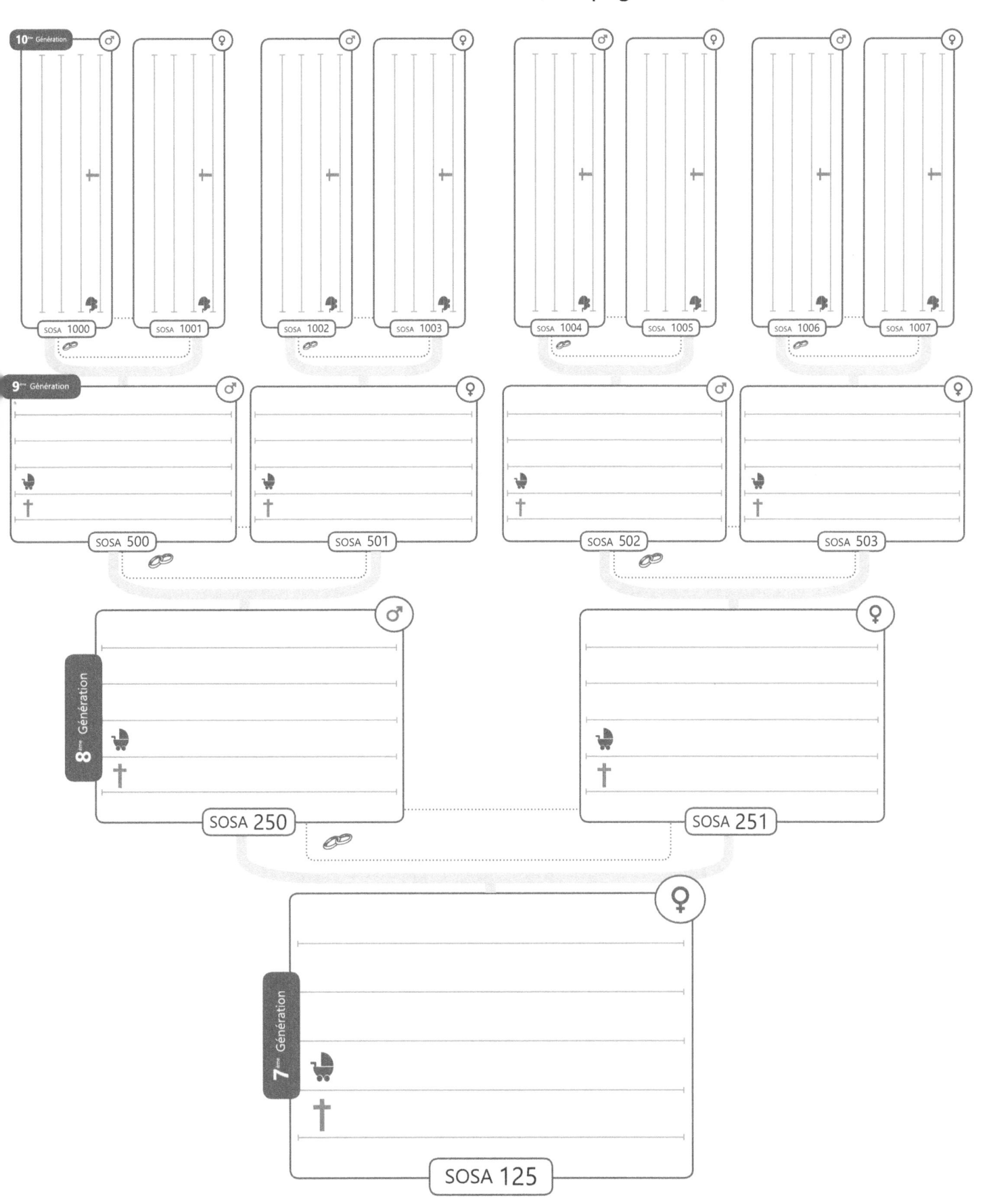

ASCENDANCE MATERNELLE du SOSA **062** (voir page n° 114)

10ème Génération

♂ SOSA 1000 — ♀ SOSA 1001
♂ SOSA 1002 — ♀ SOSA 1003
♂ SOSA 1004 — ♀ SOSA 1005
♂ SOSA 1006 — ♀ SOSA 1007

9ème Génération

♂ SOSA 500 — ♀ SOSA 501
♂ SOSA 502 — ♀ SOSA 503

8ème Génération

♂ SOSA 250 — ♀ SOSA 251

7ème Génération

♀ SOSA 125

🍼 Naissance † Décès 💍 Union

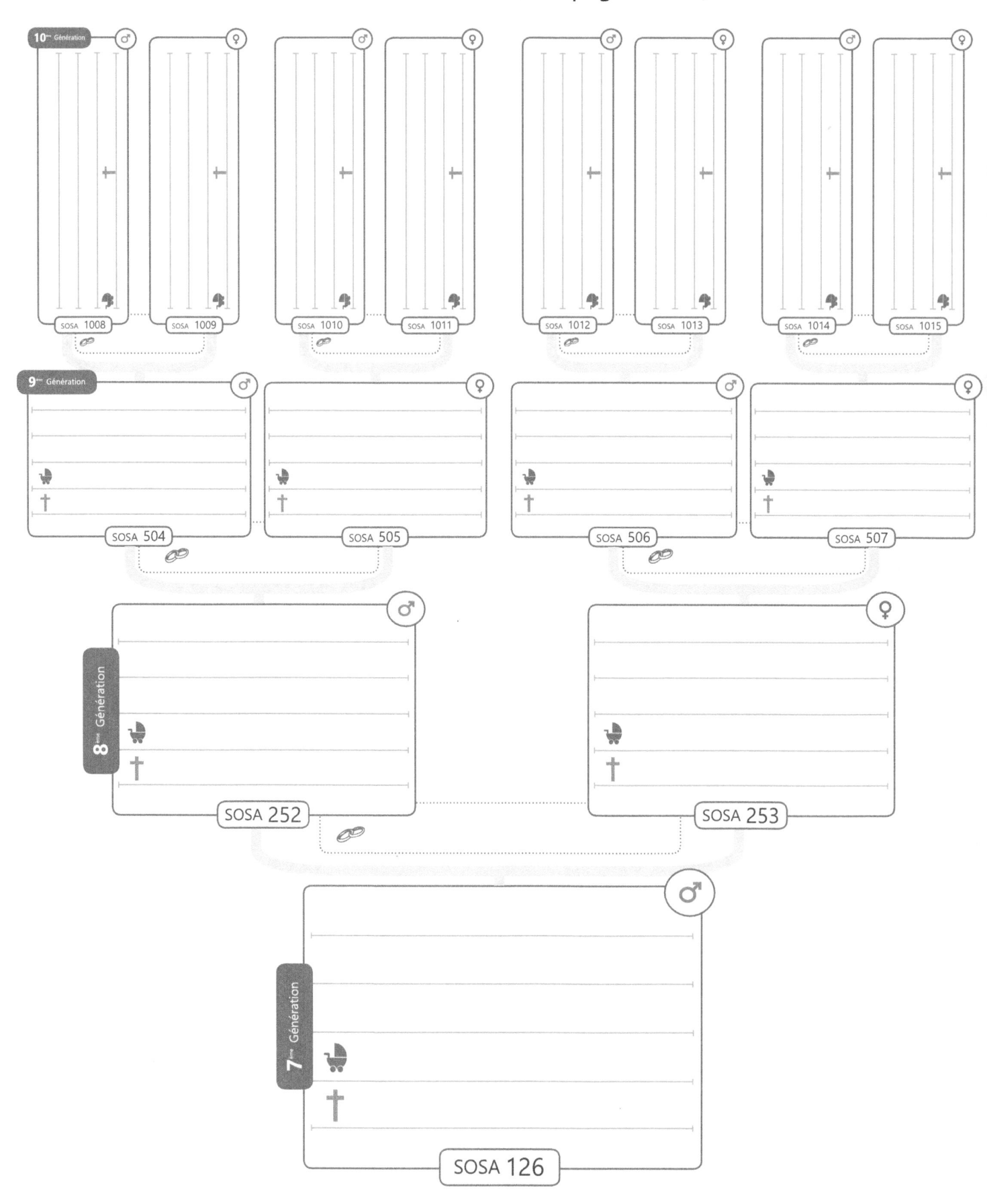

ASCENDANCE PATERNELLE du SOSA 063 (voir page n° 115)

10ème Génération
- SOSA 1008
- SOSA 1009
- SOSA 1010
- SOSA 1011
- SOSA 1012
- SOSA 1013
- SOSA 1014
- SOSA 1015

9ème Génération
- SOSA 504
- SOSA 505
- SOSA 506
- SOSA 507

8ème Génération
- SOSA 252
- SOSA 253

7ème Génération
- SOSA 126

Naissance † Décès ⚭ Union

180

ASCENDANCE MATERNELLE du SOSA 063 (voir page n° 115)

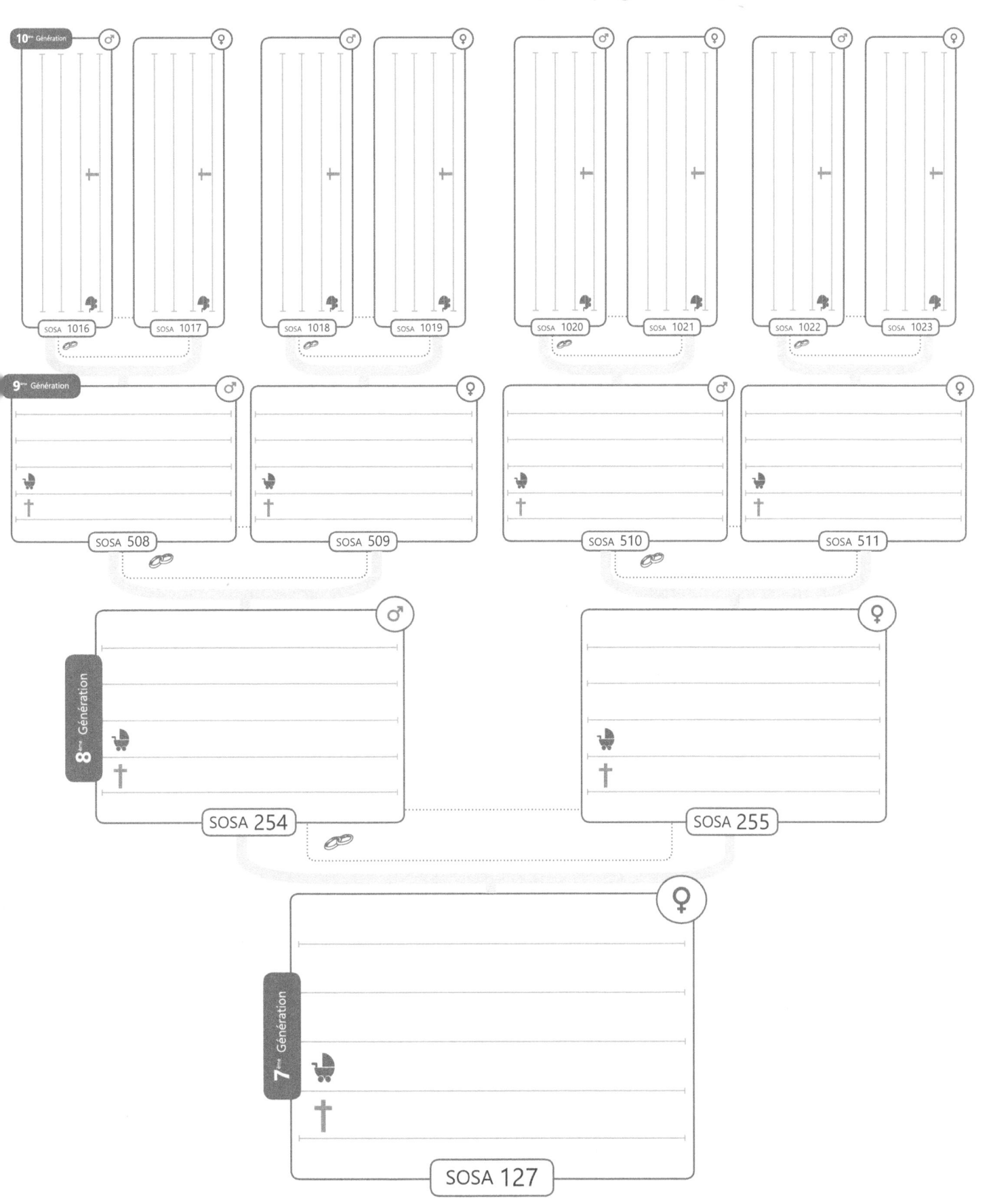

10ème Génération

- ♂ SOSA 1016
- ♀ SOSA 1017
- ♂ SOSA 1018
- ♀ SOSA 1019
- ♂ SOSA 1020
- ♀ SOSA 1021
- ♂ SOSA 1022
- ♀ SOSA 1023

9ème Génération

- ♂ SOSA 508
- ♀ SOSA 509
- ♂ SOSA 510
- ♀ SOSA 511

8ème Génération

- ♂ SOSA 254
- ♀ SOSA 255

7ème Génération

- ♀ SOSA 127

Naissance † Décès ⚭ Union

181

NOTES

NOTES

NOTES

NOTES

NOTES

Printed in France by Amazon
Brétigny-sur-Orge, FR